ものが語る歴史　6

人物はにわの世界

稲村　繁・森　昭（写真）

同成社

森昭と人物埴輪——序にかえて

新潟大学名誉教授　甘粕　健

森君のお父さんは京都の太秦撮影所に勤めていて、彼は高校野球で名高い平安高校に入った。そこの考古学クラブで大阪府船橋遺跡の発掘に参加、原口正三、田中琢、田辺昭三、佐原真さん等に考古学の基礎を叩きこまれた。さらに彼らの師である小林行雄先生の知遇も得ることとなった。大学進学に当たっては、写真をとるか考古学をとるかかなり悩んだという。蛙の子は蛙ということか東京の写真短大に進み、結局プロの考古学写真家としての道を歩むこととなったのである。

上京するとすぐ、田辺さんの紹介で、資源科学研究所の和島誠一先生の研究室に顔を出したのが私と彼の最初の出会いであった。

森君が発掘現場の写真撮影に初めて本格的にたずさわったのは、和島先生の指揮のもとに日本で初めて複合的な大規模集落遺跡の全掘が実現した一九六一年夏の横浜市三殿台遺跡の発掘調査であった。この時は旧満州国時代から遺跡の写真の名手として知られ、和島先生と仲良しだった三枝朝四郎さんの助手というかたちだったが、実際に撮ったのはほとんど彼だった。三枝さんは銀座並木通りのパーラーサエグサの主人でもある粋人で、江上波夫先生の西アジアの調査を終始支えた人である。子どものなかった三枝さんは森君を我が子のように可愛がっておられた。森君にっては専門技術と人生の両面での良き師であった。

私が森君と発掘をともにするようになったのは三殿台の前後からで、私が初めて現場をまかされて継続的に取り組んでいた東大の千葉県我孫子古墳群の発掘調査に彼も加わるようになってからであった。その頃の入れ込みようは大変なもので、私たちは地元のプロモーターであった東大東洋史の西嶋定生先生ご一家を頼って、一時我孫子に住みついてしまったほどだった。それ以来本当に長いつきあいになるのだが、私の発掘にとって彼は優れたカメラマンとしてだけでなく、常に問題意識を共有できる頼もしい相棒として欠かせない存在となった。そして私の最後の発掘となった一九九四年の会津堂ケ作山古墳の第3次調査を森君とともにしめくくることが出来たのは何よりも嬉しいことだった。

近年では年一回、彼のクルーザーで山の温泉を訪ねるのが、慌ただしい日常を過ごしている私の人知れぬ楽しみだった。この夏はどうするか連絡しなければと思っていた矢先の一九九九年七月、彼が急死したとの妹さんからの報せであった。呆然自失、片腕を取られたような衝撃とともに、二人で撮り撮り溜めてきた数々の写真が日の目を見る機会がなくなってしまったという深い悔恨に襲われたのであった。

森君は生涯のほとんどを考古学のカメラマンとして生きたが、そのカメラマンとしての仕事ぶりは、「職人」というにつきる。彼が発掘現場で撮影をするときは、周りの人間はみな息を殺したものだった。遺跡の表面が少しでも乱れていたり、日射しの具合で木の陰が出ていたりすると、決して撮さない。そのくらいきっちりと、欠けることのない仕事ぶりで、仕上がった写真には非のうちどころがない。そして彼は、そうした職人としての仕事ぶりに誇りをもっていた。

その一方で森君はロマンの男でもあって、それは本書巻頭に掲載された彼の人物埴輪の写真を見ればわかる。彼と人物埴輪との出合いは、たぶん我孫子古墳群の高野山1号墳出土の埴輪だろう。この発掘は彼が我孫子の発掘に参加する少し前のものなので、直接出土に立ち会ったわけではないと思われる。だが、東大の研究室においてあったその埴輪の顔面の破片を、いつのまにか撮影して、引き伸ばしてパネルにし、彼の下宿にかざっていた。その写真は、ライティングで強く陰影をつけ、彼の、埴輪あるいは古代への ロマンを精一杯に語ろうとしたかに思われる。その後の彼の人物埴輪写真の原点となるものであった。

巻頭に掲載された二四体、六二枚の写真は、一九七五年十二月から一九七七年十一月まで雑誌『歴史公論』に連載するために撮影した写真から選ばれたものである。それらは、撮影した多くのフィルムの中から森君がとくに選んで焼き付け、これは大切にとっておくようにと言って、かなり以前に遺族の方に託したものだという。彼が自分で保管せずに、家族に預けたところに何やら予見めいたものを感じもするが、彼がこの写真を自分のライフワークと思っていたことの証しでもあろう。

今回これらの写真が稲村繁氏の論文とともに一書となって世にでることを、心から喜びたい。稲村氏は人物埴輪にひたすら取り組んでいる若手研究者だが、おそらく彼も森君の写真に触発されてこのテーマにのめり込んだのではなかろうか。これからの研究を担う人物と、森君という考古学写真に大きな足跡をのこした人物が本書で出会って、人物埴輪の世界を語ってくれることを衷心から嬉しく思っている。

目　次

森昭と人物埴輪――序にかえて（甘粕　健）　1

第Ⅰ部　写真編（森　昭）

森昭のはにわの世界……9

第Ⅱ部　論考編（稲村　繁）

はじめに　75

第一章　人物埴輪が語るもの……77

第一節　人物埴輪群が表現する世界　77

第二節　人物埴輪にみる古墳間格差　79

第三節　人物埴輪にみる職掌と格差　80

第二章　人物埴輪の出現とその背景……127

第一節　人物埴輪出現以前の様相　127

第二節　人物埴輪の出現とその背景　132

第三節　人物埴輪にみる大陸の制度と習俗　140
第三章　初期の人物埴輪……145
第一節　西日本の初期人物埴輪　145
第二節　関東地方の初期人物埴輪　147
第四章　関東地方各地の人物埴輪……157
第一節　茨城県の人物埴輪　157
第二節　千葉県の人物埴輪　167
第三節　栃木県の人物埴輪　171
第四節　群馬県の人物埴輪　174
第五節　埼玉県の人物埴輪　182
第六節　東京都の人物埴輪　188
第七節　神奈川県の人物埴輪　190
第五章　人物埴輪が語る関東地方の政治構造……191
第一節　直接供給と技法伝播　191
第二節　生産・供給形態の意義　206
引用参考文献一覧　210
あとがき（茂木雅博）　221

第Ⅰ部　写真編

森　昭

写真一覧（撮影・森　昭）

1　ひざまづく男のはにわ　茨城県鹿島郡鉾田町、不二内古墳出土　（東京大学人類学教室蔵）
2　正座する男のはにわ　高崎市八幡原町出土　（天理参考館蔵）
3　手甲をつけた男のはにわ　茨城県東海村、舟塚1号墳出土　（茨城県東海村役場蔵）
4　琴をひく男のはにわ　前橋市朝倉出土　（東京国立博物館蔵）
5　筒袖の衣をつけた男のはにわ　市原市、山倉1号墳出土　（市原市文化財センター蔵）
6　剣に手をかける男のはにわ　太田市、成塚古墳出土　（相川考古館蔵）
7　帽子をかぶった武人のはにわ　東松山市大谷、雷電山古墳出土　（埼玉県立博物館蔵）
8　冠をかぶった男のはにわ　埼玉県比企郡滑川村月輪古墳出土　（埼玉県立博物館保管）
9　挂甲をつけた武人のはにわ　千葉県山武郡芝山町、殿部田1号墳出土　（芝山はにわ博物館蔵）
10　大きな髷の女のはにわ　宇都宮市雀宮町、菖蒲塚古墳出土　（東京大学人類学教室蔵・重文）
11　まるい顔の女のはにわ　出土地不明　（埼玉県立博物館保管）
12　壺をはこぶ女のはにわ　埼玉県児玉郡神川村関口出土　（東京大学人類学教室蔵）
13　白毫をつけた女のはにわ　下館市、女方古墳出土　（日本大学史学研究室蔵）
14　鈴鏡をつけた巫女のはにわ　東松山市大谷、三千塚古墳出土　（埼玉県立博物館保管）
15　ひげのある男のはにわ　千葉県成東町野堀、経僧侶塚古墳出土　（芝山はにわ博物館蔵）
16　両手をさし出す男のはにわ　千葉県成東町野堀、経僧侶塚古墳出土　（芝山はにわ博物館蔵）
17　馬をひく男のはにわ　千葉県山武郡横芝町、姫塚古墳出土　（芝山はにわ博物館蔵）
18　男根をみせる男のはにわ　群馬県佐波群境町剛志出土　（天理参考館蔵）
19　たすきをつけた男のはにわ　藤井寺市、蕃上山古墳出土　（大阪府教育委員会蔵）
20　水鳥のかぶりものをつけた男のはにわ　東松山市、岩鼻遺跡1号墳出土　（埼玉県立歴史資料館蔵）
21　めじりのさがった男のはにわ　群馬県内出土　（相川考古館蔵）
22　乳飲み児を抱く女のはにわ　勝田市勝倉、瓢箪塚古墳出土　（勝田市教育委員会蔵）
23　はい廻ろう男のはにわ　千葉県山武郡横芝町、殿塚古墳出土　（芝山はにわ博物館蔵）
24　円筒のひと　群馬県佐波群境町上武士字宮前出土　（東京大学人類学教室蔵）

森昭のはにわの世界

1　ひざまづく男のはにわ

（現高53㎝）

的確な表現と単純な造形

2　正座する男のはにわ

（高74.9㎝）

おおらかに　威厳を作っている顔立ちのなかに　つめたく悲しげな表情がみえる

3　手甲をつけた男のはにわ

（現高78.5㎝）

単純にくりぬかれた目に
はにわのもつ魅力のひとつがある

ゆるぎないおおらかさ

大地にねざした楽天

4　琴をひく男のはにわ
（高72.6㎝）

5　筒袖の衣をつけた男のはにわ（高114cm）

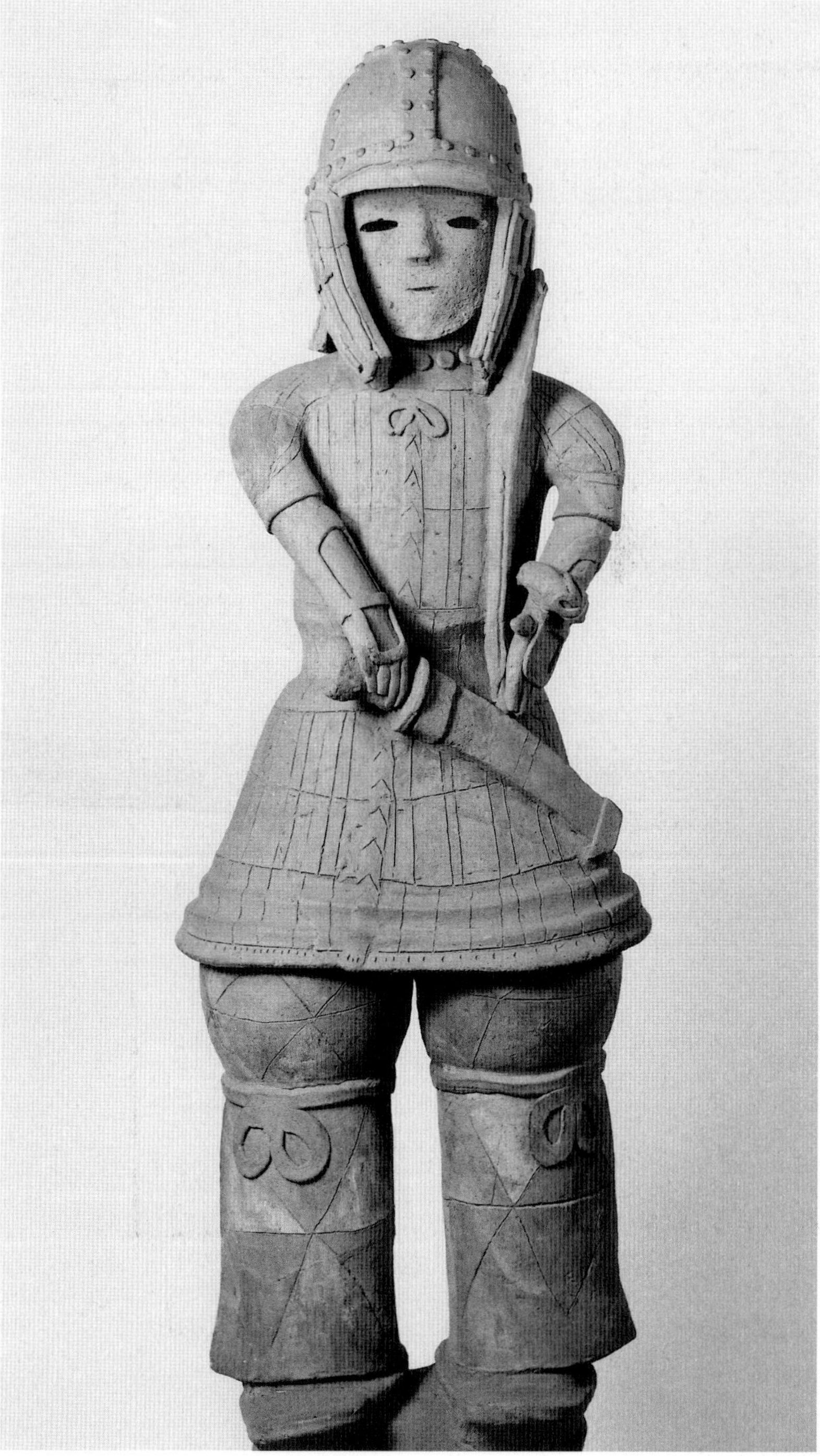

6　剣に手をかける男のはにわ

（高125.7㎝）

みずからの心をかくすのが武人の本性なのか

ものが語る歴史シリーズ④ **遮光器土偶と縄文社会**

金子昭彦著

A5判・二六四頁・四五〇〇円

縄文社会のなかで遮光器土偶はいかなる存在で、何のために作られたのか。本書は考古学的事実のうえに立って、遮光器土偶の用途について「想念」をめぐらし、縄文人のメンタリティーに迫る。

ものが語る歴史シリーズ⑤ **黒潮の考古学**

橋口尚武著

A5判・二八〇頁・四八〇〇円

伊豆諸島および黒潮の媒介する諸地域との交流を縄文期から江戸期まで考古学的に追求し、列島内の諸文化の伝播の様相を明らかにする。

考古学と自然科学　全五巻

加藤晋平・藤本強　企画・監修

A5判

①考古学と人類学　馬場悠男編　二五〇〇円

②考古学と動物学　西本豊弘・松井章編　二五〇〇円

③考古学と植物学　辻誠一郎編　二八〇〇円

④考古学と年代測定学・地球科学　松浦秀治・上杉陽・藁科哲男編　三五〇〇円

⑤考古学と調査・情報処理　加藤晋平・藤本強編　二六〇〇円

今日の考古学に自然科学的な分析は必須である。種々の自然科学的方法を調査・研究の現場で生かすために、自然科学と考古学の接点について平易かつ実践的に解説する。

中南米の古代都市文明

狩野千秋著

A5判・六三〇頁・一六五〇五円

中米のメキシコ、南米のアンデス両地域は古代農耕文化からやがて高度な都市文明を発達させた。両文化の独自の特質とその共通要素を同時に追求することによりアメリカ古代文明の本質に迫る。

経済考古学　ヨーロッパ先史時代の新しい区分

R・デネル著、先史学談話会訳

A5判・二七六頁・四六六〇円

これまでの時代区分やチャイルド以来の図式を大胆に否定し、ヒトの行動と獲得資源の開発による新しい時代区分を提案する。日本の研究者にも多くの示唆を与える「問題提起」の書である。

文明の原点を探る 新石器時代の西アジア

江上波夫監修／常木晃・松本健編

A5判・二一六頁・三四九五円

日本人による長年の現地調査をふまえて文明発祥時の西アジアを諸側面から捉え、現時点での最新の研究成果を世に問う。東アジアや日本を含めて、農耕の始まりから国家形成と進む世界歴史を考察。

中国漢代画像石の研究

信立祥著

B5判・二七二頁・一二六二一円

現代中国の画像石研究の第一人者が数千点に上る漢代画像石を実見し、その地域区分と編年の研究に精力的に取り組み、達者な日本語と豊富な図版資料を駆使して画像石研究の新しい局面を示す。

中国周文化考古学研究

飯島武次著

A5判・五二八頁・一四五六三円

いまだに明らかにされていない西周時代の王陵や都城など、多くの謎を残したままの周の時代。中国における近年のめざましい発掘成果を踏まえながら、その文化を考察する。

東北アジアの青銅器文化

王建新著

A5判・二八〇頁・七〇〇〇円

現地調査をふまえ、著者は中国東北地方と朝鮮半島の古代濊人が本州西部と九州に上陸し、土着集団と共にそれぞれ銅鐸文化圏と銅鏡文化圏を創造したと説く。弥生文化の各文化要素の源流を探る。

中国北部の旧石器文化

加藤真二著

A5判・二九六頁・九〇〇〇円

中国北部地域の旧石器文化をおもな対象とし、技術論的な観点から考察を加え旧石器編年を提示し、周辺地域と比較対照することにより東アジア旧石器時代史の構築をめざす。

初期文明の比較考古学

B・G・トリッガー著、川西宏幸訳

A5判・二四〇頁・三八〇〇円

初期文明の定義からその形態、遺跡、信仰などを多面的に論ずる。論究する初期文明は、エジプト、メソポタミア、中国、マヤ、アステカ、インカ、ヨルバ（西アフリカ―ナイジェリア）など。

7　帽子をかぶった武人のはにわ

（高78cm）

このするどい眼はなにを見つづけてきたのか

8　冠をかぶった男のはにわ
（高56.5㎝）

9　挂甲をつけた武人のはにわ
（高83.3㎝）

東国のはにわの表情はなにを意味しているのだろうか

10　大きな髷の女のはにわ
（現高87.5㎝）

このおだやかな眼は悲しげでさえある

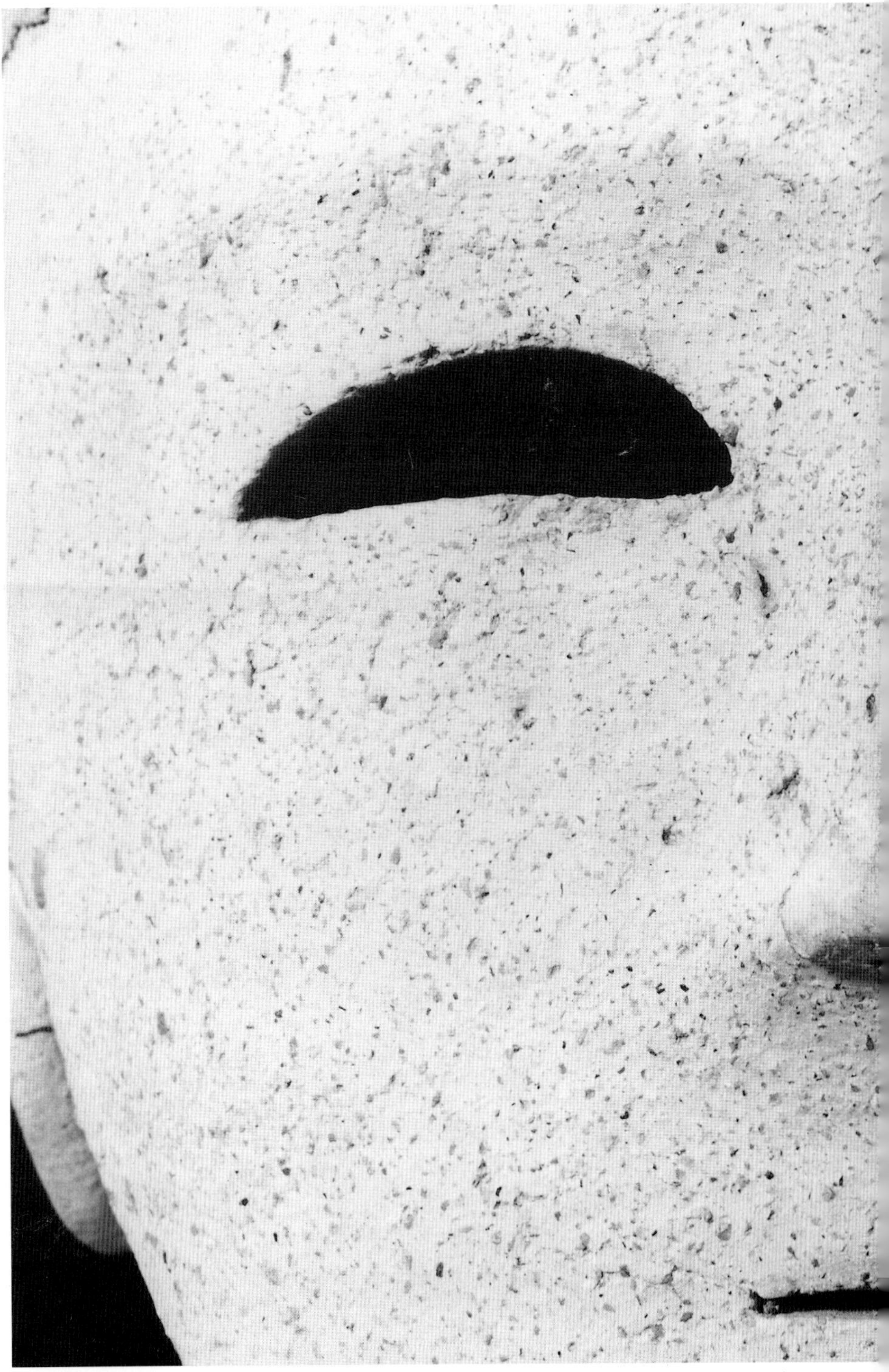

11　まるい顔の女のはにわ
（高51cm）

はにわは見る人の心にしたがって
いろいろな表情をあらわす

12　壺をはこぶ女のはにわ

（現高50㎝）

底辺の女の強さが　このくったくのない表情のなかにある

13　白毫をつけた女のはにわ

（高88㎝）

14　鈴鏡をつけた巫女のはにわ

（高65㎝）

なはげしく　さみしげな顔つきだったのだろうか

「鬼道を事とし能く衆を惑わす」女王卑弥呼もこの

15　ひげのある男のはにわ

（高122㎝）

この風貌は　むかし見た朝鮮の老人のそれを思いおこさせる

16　両手をさし出す男のはにわ
（高71.4㎝）

はにわの表情の多くは
楽天的である

17　馬をひく男のはにわ
（高98㎝）

いにしえのどんな歌を
うたっているいるのだろうか

18　男根をみせる男のはにわ

（高55.3cm）

耐えている顔なのか　悲しみの顔なのか　それとも儀式のための顔なのか

19　たすきをつけた男のはにわ

（高54.5㎝）

東国のはにわにはありえない峻烈さがある

20　水鳥のかぶりものをつけた男のはにわ

（高70㎝）

21　めじりのさがった男のはにわ

（高58.5㎝）

古代の男の泣き笑い人生？

22　乳飲み児を抱く女のはにわ
（現高27.5㎝）

23　はい廻《もとほ》ろう男のはにわ

稚拙なつくりのなかに複雑な表情がある

24　円筒のひと
（現高42㎝）

ハニワとわたし――森　昭

写真は音と無縁の世界である。

学生のころ六〇年安保のあのダイナミックなデモ隊の前で、あるいはジャズ喫茶でたむろしていた若者たちのなかで、音の写らないことに何度も口惜しい思いをした。

カウンターに七人も座れば一杯になってしまうような、ジャズがガンガンなっている新宿のバーで、隣に座った男の後ろ姿を撮影したときに、彼の背に、写真で何かを表現することの意味をみたように思った。

ハニワは、それ自体ひじょうに雄弁である。しかし、けっしてわれわれに語りかけてはくれない。ハニワを造った工人、彼の背後に拡がり彼を包んでいる社会。ハニワはそれらすべてを、そのぬくもりのない土の塊のうちに秘めているはずである。

中空の粘土の塊に、単純に切り込まれた目と口、それだけでもわたしには大きな魅力であったが、ただたんに造形的な処理で済ませてしまえる対象ではなかった。

中学のころ京都の向日町というところに住んでいたが、そこの山の竹藪のなかで土取のため切り崩された断面に、ハニワが断ち切られその割れ目が黒い土のなかに鮮やかにあった。それがハニワとの最初の出会いであった。

つぎの出会いは、千葉県我孫子古墳群の調査のときであった。カメラマンとして参加したのだが、土を掘ることに魅せられ、写真を撮ることより掘ることのほうが主になってしまった。そして沈線や、あるいは刷毛目のある円筒ハニワの破片や、とうてい完全な復元は不可能な人物ハニワなどを、みずからの手で掘り出し、ハニワの魅力にとりつかれる端緒になった。したがってこれらの写真には、わたしの十数年の想いがこもっているのである。

ハニワは単純ではあるが、リアリティーに富んだ表現である。現代人がこれらの人物ハニワ群に、引きつけられる大きな理由は、その表情のうちに、日本人の原像というべき農民の顔が印されているからであろう。わたしにとっていかに巧みに表現されていようと、貴人も武人も農民の顔にみえる。都会に住むわれわれが失いつつある人間の本来的に持っている、おおらかさや、純朴さがそのうちにあるからである。

十七年前、土門拳に影響されて、筑豊のボタ山の上で写真を撮りはじめたのが、わたしにおける写真の出発点である。今回のハニワの写真がどのように評価されたかは、わたしは知らない。が、わたしにとって一つの区切りになったことにちがいはなく、新たな出発点に立った記がする。（一九七七年十月記）

（『歴史公論』一九七七年十一月号「〈古代の顔〉連載を終わって」より抜粋）

我孫子古墳群・高野山１号墳出土の埴輪
（撮影・森　昭）

第Ⅱ部　論考編

稲村　繁

はじめに

人物埴輪はさまざまな表情をみせる。ただし、現代人が人物埴輪に対して抱くイメージとしての泣く・笑う・怒るなど単に感情表現を意味する表情ではない。人物埴輪が葬送祭祀に深く関わることから、その造形においては感情が移入されているのではないかという先入観的な呪縛的意識ではみいだすことのできない表情である。ではどのような表情であるかといえば、地域や時期によって多様性を示す製作技法・意匠における普遍性と偏在性、さらには器種構成や配置による人物埴輪製作の意図や葬送意識など、人物埴輪を通してみられる各地の首長や埴輪製作工人たちのさまざまな表情である。

これらの表情は偶然出現してきたものではなく、いずれも必然的な背景をもって製作されている。その最大の原因は、埴輪が単なる墳丘表飾ではなく、きわめて政治色の濃い葬送祭祀用土製品であることにほかならない。そのため、人物埴輪にはそれぞれの役割があり、その身分・階層や職掌を代表する器種が製作されるが、被葬者の地位や身分・階層など一定の規範に従って樹立する器種や個体数が決定されていたと考えられる。また、製作にあたっても特定の身分・階層や同一器種内における役割の差を含む職掌などを示す規範となる表現が定められていたものと考えられる。これに従って冠帽・髷・衣服・装備・姿態などが決定されたと考えられるが、大形で精巧な正装男子全身立像に対する小形で粗製の農夫半身像や、女子など同一器種内での表現・製作技法がともに異なる個体の共存など、さらにこの規範のなかには人物埴輪の身分・階層・職掌によって作りわける格差も定められていた可能性が高い。

埴輪が政治色の濃いものであるとすれば、これらの規範はいずれかの地から各地へ伝播したことになる。初現を畿内と考えれば、当然初期の人物埴輪は畿内から各地へ伝播したことになる。確かに東海以西では畿内からの強い影響下で出現したと考えられる人物埴輪が多いが、関東地方をみると必ずしも畿内と同一の器種・製作技法・表現方法ばかりではない。これは、基本的な規範を遵守することが重要であり、細部については各地の裁量の範囲を広く認めていたためと考えられる。その結果、関東地方では各地で埴輪製作工人集団が出現し、独自の技法・意匠が創出されることになったのではないかと考えられる。ただし、工人集団は単独で存在するわけではなく、他地域の集団との交流のなかで独自の技術体系を作りあげていったものであり、そのなかには普遍的要素と地域的要素が共存しているのである。すなわち、人物埴輪の表情には地域間交流の証とともに、各地の人物埴輪に関わった人々、すなわち人物埴輪を製作させた首長、その命を受けて製作した工人達の人物埴輪に対する独自の意識・技法・意匠もあわせて映し出されているのである。

したがって、人物埴輪がみせるさまざまな表情の意味を理解するためには、意図的な作りわけも含め各種表現からみた身分・階層・職掌の特定と、人物埴輪群内での役割を明確にすることが必要である。さらに、人物埴輪の各部位にみられる技法・表現的特徴を抽出し、他の工人集団が製作した人物埴輪と比較検討することが基本であり、もっとも重要な作業となる。

第一章　人物埴輪が語るもの

第一節　人物埴輪群が表現する世界

人物埴輪出現以降の形象埴輪群が表現するものについては、大きくわけてふたつの解釈がある。ひとつは後藤守一・滝口宏らの葬列説、大場磐雄・和歌森太郎・若松良一らの殯説、水野正好・橋本博文らの首長権継承儀礼説、高橋克寿の供養説、車崎正彦の犠牲説、森田悌の神宴儀礼説など、何らかの儀式を表現しているとする解釈である。これに対し、梅沢重昭・杉山晋作などの顕彰説、辰巳和弘の神仙世界説、塚田良道の死後の近従説などは、生前あるいは死後の世界の生活の様子を表現していると解釈している。

これらのなかで儀式を表現しているとする説については、形象埴輪群がいくつかのグループにわけられることから複数の場面を表現している可能性が高いものの、基本的には共通した目的、すなわちひとつの儀式を表していると解釈することが前提となっている。しかし、大阪府堺市大山古墳・同府藤井寺市蕃上山古墳・群馬県群馬郡群馬町保渡田八幡塚古墳・同町保渡田Ⅶ遺跡・埼玉県行田市埼玉稲荷山古墳など、人物埴輪群は出現当初から多種多様な器種がみられる。さらに、保渡田八幡塚古墳ではいくつかにわけられたグループが必ずしも相互に関連性を有する場面ではないことが指摘されている。このようなことから、多量の人物埴輪を中心とした形象埴輪群は、とくにその初期段階においては若狭徹が類型化したように、一定の空間内で独立した複数の場面を表現していると解釈すべきであろう。

器種構成などからみて、盾持人は守護、女子と椅座・胡座する男子や力士は各種儀礼、武装男子は軍事力、甲冑や馬は保有する経済力あるいは権力、鷹匠・犬・猪・鹿は狩猟を象徴的に表現しているものと考えられる。これらがいずれも首長に関わる場面であるとすると、各場面ごとにその行為に臨む首長の姿が表現されている可能性が高い。すなわち、儀礼の場では椅座あるいは胡座し、冠を被り下げ美豆良を結った正装で表現され、軍隊では甲冑を装備した武装男子、狩猟では弓をひくなど上げ美豆良で軽装の人物として表現されているのではないかと思われる。このように考えると、初期の人物埴輪群中に表現される首長は一人だけではなかったことになろう。ところで、首長が参加する場面のいずれにも属さない盾持人に関しては、その樹立位置などからみても他の人物群とは異なる目的・性格であったと思われる。

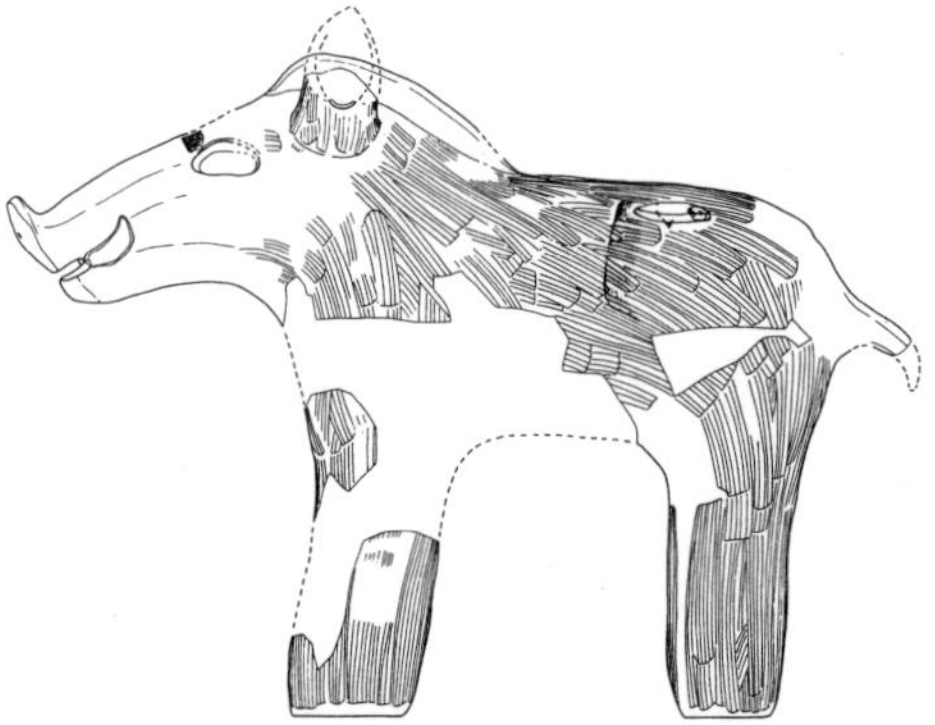

図１　保渡田Ⅶ遺跡出土の矢が刺さり血を流す猪形埴輪

保渡田Ⅶ遺跡でみられるような背中に矢が刺さり血を流す猪（図１）など写実的な表現の存在は、被葬者が過去において行った狩猟、すなわち生前の行為を顕彰している可能性もあるが、後述する人物埴輪出現の背景を考えた場合、死後の生活の一部を埴輪化したものと考えるべきであろう。

人物を中心とした形象埴輪群は、初期においては「隊」を構成し、その後「列」構成へと変化することが市毛勲によって指摘されている。「隊」構成が存続する六世紀前半代には小形墳にもさまざまな人物埴輪が樹立されるが、「列」構成が主体となる六世紀中葉以降には器種・個体数ともに減少化する傾向がみられる。ただし、個体数は減るものの正装男子・武装男子・女子・盾持人、さらに動物埴輪における馬などの器種は継続してみられることから、初期において表現された各場面を代表する器種は継承されていたことになろう。しかし、個体数の減少は具体的な場面表現を困難にさせており、その結果、場面を象徴する器種のみが存続したものと考えられる。したがって、この段階では特定器種をもってある場面を象徴化させるといった形式化表現へと回帰していったものと思われる。

同様な現象は人物埴輪出現期の家形埴輪にもみられる。それまで平屋・高床の祭殿形・住居形・倉庫形など多種多様な家形埴輪が製作されていたにもかかわらず、人物埴輪出現後の六世紀前葉頃になると住居形にほぼ器種が限定されてゆく。これは、住居形が家形埴輪群のなかでもっとも重要な役割を果たしていたことを示しており、その結果、家形を象徴する器種となったのであろう。このような特定器種による象徴化は、その表現における規格化をも急速に進行させたと考えられ、後述する三角巾形冠帽を被る正装男子全身立像と円形髻の女子像などの関東地方から東北南部にわたる広汎な伝播の背景のひとつとなったと考えられる。

第二節　人物埴輪にみる古墳間格差

人物を中心とした形象埴輪群の「隊」から「列」への構成変化については、すでにふれたとおりである。ただし、後半期では古墳の規模・形態にかかわらず「列」構成が基本となるが、初期においては必ずしも「隊」を構成するわけではない。多量の形象埴輪群を外堤上に樹立する大形前方後円墳や、前方部墳頂に集中樹立する帆立貝形前方後円墳などでは「隊」構成をとるが、墳裾や墳丘中段に樹立する古墳では「列」構成となっている。これらは地域的な偏在性が認められないことから、外堤・造出の有無なども含めた樹立空間や位置、さらには樹立数に関して一定の規範が存在した可能性を意味している。そのため、人物埴輪出現当初から被葬者の身分・階層や性格によって、格差を示すこれらの諸要素が決定されていたのではないかと考えられる。

さらに、大山古墳・保渡田八幡塚古墳・埼玉稲荷山古墳などでは、人物埴輪群が全身立像と半身像で構成されるのに対し、蕃上山古墳には全身立像がみられない。これは、人物埴輪出現当初から大形墳と小形墳の間には、器種構成にも格差が存在していたことを示している。このように考えると、関東地方でみられる群馬県邑楽郡大泉町古海松塚一一号墳や埼玉県鴻巣市新屋敷六〇号墳出土例などは小規模墳であったため器種が少ないのであり、出現期だからとは限らないことになる。ただし、初期の人物埴輪を出土する古墳のなかで多種多様な器種を有するのは大形墳にほぼ限られ、その他の中小墳では女子・馬などのように器種が限定され、かつ出土数も少ないのが特徴である。これは、出現当初から大形墳には複数の場面を表現する多種多様な形象埴輪群が樹立されており、最高首長墓を頂点として被葬者の性格や身分・階層・職掌などによって器種が追加あるいは省略されるといった首長墓間格差が存在していたことを意味している。

このように考えると、形象埴輪群のなかで地域・墳形・規模に関わりなく普遍的にみられる器種、すなわち人物埴輪のなかでは女子、動物埴輪では馬が最小単位であったと考えられる。女子については儀礼あるいは祭祀と深い関係にあり、馬については保有する経済力などを示すものであるとすると、女子は儀礼・祭祀、馬は経済力の象徴ということになろう。したがって、人物・動物埴輪群が表現する最小単位は儀礼・祭祀と経済力であり、これが不可欠な基本的表現であったと考えられる。あるいは、蕃上山古墳・埼玉県熊谷市女塚一号墳・福島県安達郡本宮町天王壇古墳などでは武装男子や甲冑形など武力を象徴する器種もみられることから、儀礼・祭祀や経済力のほかに武力も基本的表現に含まれていた可能性もある。儀礼・祭祀、経済、軍事を司ることがまさに首長の権力であることから、女子・馬・武装男子あるいは甲冑が首長の権力を象徴する基本的な器種構成であったとも考えられる。

この構成を原則とし、上位の首長墓では器種・個体数が追加され、より具体的な儀礼・祭祀、経済力、武力の内容が示されるようになり、さらに狩猟など権力者のみに許された行為をも表現する器種が加えられたのであろう。このように考えると、個体数も少なく半身像のみによって構成される小形墳から、全身立像を含め多種多様な器種で構成される大形前方後円墳までにはいくつかの段階的格差が原則として存在していたものと思われる。

このようななかで、六世紀初頭〜前葉頃の築造ではあるが、神奈川県厚木市登山一号墳では直径約二一メートルと小規模な円墳でありながら武装男子・力士と全身立像二体（図2）以上を含む計九体以上の人物埴輪が樹立されていた。小形墳であり、さらに埴輪が盛行しない神奈川県西部にあってはきわめて特異な様相を示すが、埴輪は埼玉県行田市埼玉古墳群の首長墓群出土例にきわめて類似していることから、埼玉県内から直接供給された可能性が指摘されている。これは、両地域間の交流のなかで埼玉古墳群の首長が、登山一号墳の首長を特別に処遇し、同等の埴輪樹立を認めたためと考えられる。このことは、逆に墳形・規模によって格差が遵守されていたことを示すとともに、格差が遵守されていない古墳が存在する場合、被葬者の性格や歴史地理的な立地など、政治的背景も含め特別な意味を持つと考えられる。

図2　登山1号墳出土の全身立像

また、六世紀前半代の築造と考えられる群馬県新田郡尾島町世良田諏訪下古墳群では、三号墳から鍔付き丸帽を被る正装男子・頭巾を被る男子・馬曳き・女子が出土している。これに対し同三〇号墳では胡座弾琴男子・鋸歯状冠を被る正装男子・馬曳き・女子が出土している。いずれの古墳も直径二〇メートルに達しない小形円墳であることや、人物埴輪も小形で全身立像がみられないことなどから顕著な格差はみられないことになる。しかし、人物埴輪とくに男子の器種構成には顕著な違いがみられる。これらの違いが偶然ではなかったとすれば、同様な地位・身分の被葬者であっても、その性格や職掌などによって樹立される埴輪の種類が定められていた可能性が高いことになろう。

ところで、個々の表現に地域的な違いはあるが、初期人物埴輪群は動物埴輪も含め基本的な器種構成が畿内を中心とした西日本と関東地方で共通していることから、関東地方でも畿内で確立した器種構成の規範を原則的には遵守していたのではないかと思われる。

第三節　人物埴輪にみる職掌と格差

第一節でも述べたように、初期の「隊」構成をとる多量樹立人物埴輪群の場合、複数の場面に首長が表現されているとすると、軍隊や狩猟の場面などでは首長と近従の差を明確にするのは困難かもしれない。しかし、同一器種内にも細部において異なる表現をとるものが存在することから、その詳細な身分・階層や職掌について特定することは困難であったとしても、一定の職掌差あるいは身分・階層格差を識別することは可能であろうと思われる。このような細部における表現上の差は、時間・空間を超えて普遍的に認められることから、少なくとも関東地方内では一定の規範が存在していたものと思われる。したがって、関東地方各地の埴輪製作工人達は、この規範に則って人物全体に共通する製作技法上の精粗や姿態差、各部表現における首飾り・装束などのほか、男子における冠帽・美豆良、女子における髷・襷・意須比などに意図的な作りわけを行っていたものと思われる。

規模による格差表現

格差表現としてもっとも単純かつ明確なのが規模である。多種多様な人物埴輪を樹立する大形墳の場合、全身立像と半身像の共存というかたちで表されている。例えば、出現期である群馬県保渡田八幡塚古墳では正装男子・武装男子・力士などは全身立像で表現されているが、馬曳きや女子は半身像となっている。これは、各場面の中心的人物を全身像にすることで誇張し、従属的な人物を半身像とすることでその格差を顕在化させたものと考えられる。

このように、人物埴輪出現当初から規模による格差はみられるが、初期の段階では人物埴輪そのものが総体的に小形に製作されていることから、人物本体の規模には極端な差はみられない。そのため初期の人物埴輪では、大きさではなく全身像・半身像という主に高さによる格差表現をとっていたようである。同様な傾向は、武装男子が大形化をみせない群馬県北群馬郡榛東村高塚古墳出土例（図3-1）のように、六世紀中葉後半頃まで継続していたようである。これに対し、群馬県高崎市綿貫観音山古墳・同県伊勢崎市豊城町横塚(東京国立博物館蔵)出土例など六世紀後葉以降になると、正装男子や武

1

1：高塚古墳

2

2：綿貫観音山古墳

図３　群馬県出土の全身立像

装男子、さらには一部の女子など全身立像となる人物は極端に大きくかつ精巧に製作されるようになり、六世紀中葉後半頃までの全身立像が台円筒も含め全高一一〇センチメートル前後であったものが、この時期には一三〇センチメートル前後のものが主体となり、なかには綿貫観音山古墳出土正装男子全身立像（図3-2）のように、一五〇センチメートルを越える例も登場してくる。その一方で、馬曳きなどは一〇〇センチメートル未満と小形のままで粗製・簡略化表現となる。したがって、中心的人物と従属的人物との規模・製作技法上の格差は全身像・半身像の違いだけではなく、徐々に人物本体の大小や精粗差によって強調されるようになり、終末期には中心的人物の半分以下となる従属的人物もみられるようになってくるのである。

小形墳に樹立される人物埴輪についてみると、六世紀中葉後半の築造と考えられる群馬県群馬郡箕郷町上芝古墳では、半身像を主体とする人物群のなかに全身立像の武装男子が加えられているものの、全高一一三センチメートルと比較的小形に製作されている。同様に、六世紀中葉後半〜後葉前半の築造と考えられる埼玉県大里郡寄居町小前田一〇号墳でも半身像群内に全身立像の武装男子が加えられており、推定復元全高は一一〇センチメートル前後と小形である。これに対し、六世紀末葉頃とされる群馬県太田市オクマン山古墳からは全高一四三センチメートルと大形化した鷹匠の全身立像が出土しており、その一方で全高八五センチメートルと小形の農夫半身像も共伴している。以上のようなことから、器種や個体数に格差はあるものの、六世紀後半代における小形墳に樹立された全身立像の大形化傾向は、基本的には同時期の大形墳と同じ様相を呈していたことがわかる。

このような六世紀後半代の様相に対し、六世紀前半以前の小形墳では、中心的人物と従属的人物との間に規模における格差はみられない。前述したように六世紀前半以前の格差が全身像と半身像で表されたと考えると、小形墳で全身像がみられるのは群馬県太田市塚廻り四号墳・同県世良田諏訪下二三号墳・同三〇号墳・埼玉県大里郡岡部町白山一七号墳・神奈川県横須賀市蓼原古墳出土例など弾琴を含む椅座・胡座あるいは跪く人物のみで、正装男子・武装男子・力士などの全身立像はみられない。ただし、全身立像でしか製作されない力士を除き、正装男子・武装男子については半身像が多くみられることから、小形墳には半身像を樹立することが原則であったと考えられる。これらは、大形墳と小形墳との間の格差を意味するものと思われるが、大形墳以外での椅座・胡座男子全身像の存在は、小形墳間にも格差が存在していた可能性を示すものである。このように考えると、小形墳でありながら複数の全身立像を樹立する神奈川県登山一号墳は、埴輪のみが大形墳クラスであったことになろう。

ところで、群馬県保渡田八幡塚古墳では正装男子・武装男子・力士が全身立像で製作されている。六世紀前半以前の全身立像をみると、その器種が確認できるものは六世紀初頭頃の大阪府高槻市今城塚古墳・和歌山県和歌山市井辺八幡山古墳などの武装男子や、大阪府高槻市昼神車塚古墳・井辺八幡塚古墳などの力士が一般的で、正装男子は六世紀初頭頃の愛知県春日井市味美二子山古墳（図4）などにわずかに類例がみられるだけである。関東地方でも登山一号墳のほか、埼玉県行田市瓦塚古墳・茨城県新治郡玉里村舟塚古墳・同県水戸市北屋敷古墳など武装男子と力士のみが全身立像で製作されており、この傾向は六世紀中葉後半の小前田一〇号墳まで継続する。ただし、小前田一〇号墳とほぼ同時期と考えられる上芝古墳では正装男子全身立像と思われる個体が存在することから、関東地方では六世紀中葉～後葉にかけて正装男子全身立像が一般化するのではないかと考えられる。初現については、最古の人物埴輪の一群と考えられている大阪府大山古墳出土例に

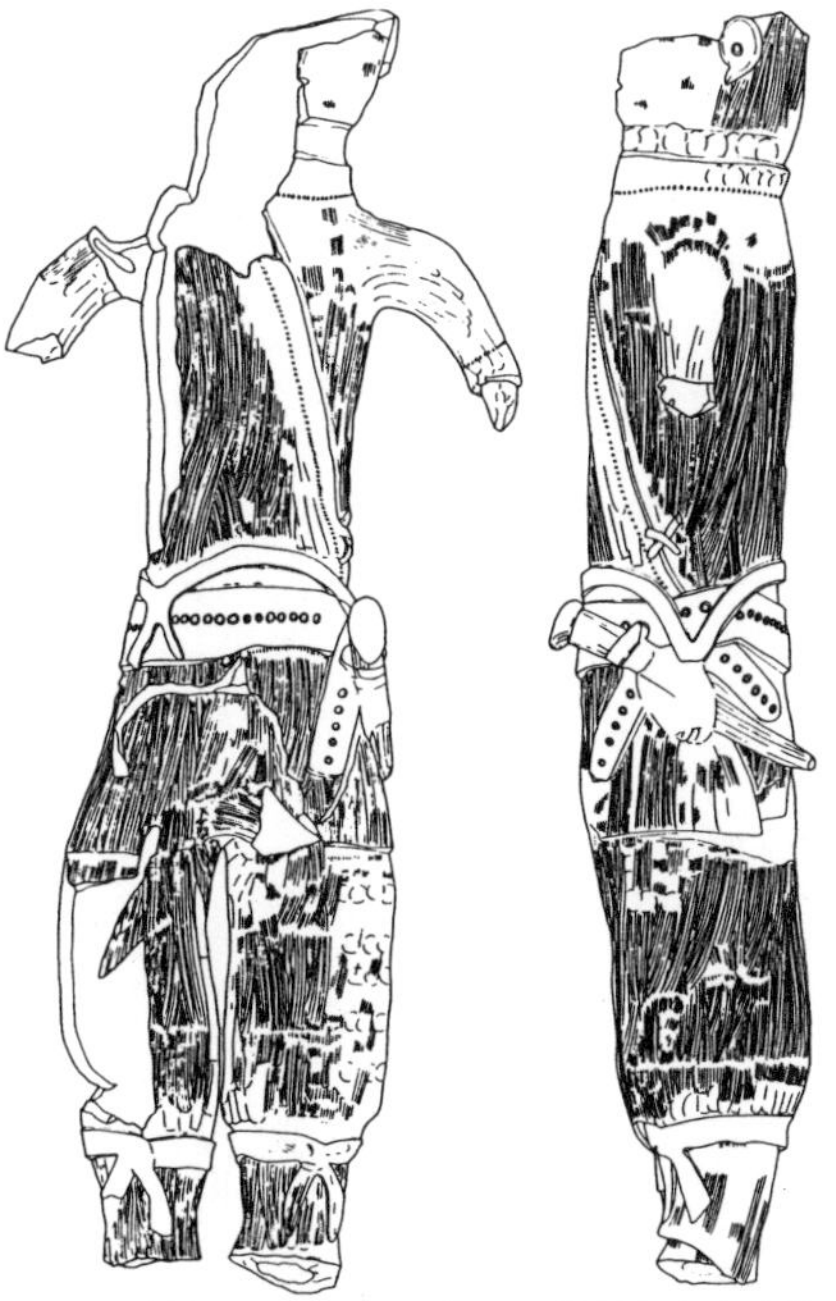

図４　味美二子山古墳出土の正装男子全身立像

男子全身立像の脚部片がある。器種は特定できないが、これが正装男子であるとすると、人物埴輪出現当初から正装男子全身立像が製作されていたことになる。いずれにしても六世紀前半以前では類例が少なく特異な器種であったといえよう。さらに、関東地方では群馬県伊勢崎市豊城町横塚(東京国立博物館蔵)出土例などのように六世紀後葉以降に盛行する女子全身立像が今城塚古墳に存在するとされる。今城塚古墳・保渡田八幡塚古墳・味美二子山古墳はいずれもそれぞれの地での最高首長墓であったと考えられることから、六世紀前半以前においては、正装男子・女子などの武装男子・力士以外の全身立像は特別な地位の首長墓にのみ許された器種であったのかもしれない。

姿態による身分や職掌の表現

次に、姿態による身分・階層や職掌差表現についてみると、胡座・椅座など全身が表現されているものは首長あるいは首長に近い中心的人物と明らかに判断できるが、半身像の場合その違いが明確にできないものも多い。そのなかにあって正装男子では、冠帽・頭巾など主に頭部表現にその違いがみられる。また、女子は男子ほど顕著な姿態差がみられないが、耳飾り・首飾りなどの装飾品や、髷・意須比などに違いが表現されているようである。

●馬曳きと農夫

まず男子のなかで、その差がもっとも判別しにくい器種として馬曳きと農夫があげられる。両者を細部の表現、とくに美豆良について比較すると、馬曳きは畿内からの影響が残る六世紀前半以前は群馬県塚廻り四号墳出土例などのように下げ美豆良が多いが、中葉以降になると上げ美豆良にほぼ限られてくる。これに対し、六世紀後半代に新たな器種として登場する農夫は、出現当初から上げ美豆良である。この上げ美豆良には棒状突起型（図5）・

図5　群馬県藤岡市白石出土の棒状突起形上げ美豆良表現

管状突起型・円柱棒型・「く」字棒型・「C」字棒型・湾曲抉れ板型・「く」字抉れ板型などがある。これらのなかで、群馬県佐波郡東村第七号墳出土例では棒状突起型が胸に両手をあて腰に鎌を下げる農夫に伴う表現であるのに対し、「く」字棒型は笠の省略形かと思われる被り物を被り右手を上げた馬曳きである。農夫と馬曳きを区別した表現とも考えられるが、千葉県山武郡横芝町姫塚古墳出土例では逆に笠を被り棒状突起型の美豆良を表現した人物が左手を上げる馬曳きである。さらに群馬県太田市由良（金子規矩雄蔵）出土例では笠を被り管状突起型の美豆良を表現した人物は鍬を担ぐ農夫であり、群馬県太田市脇屋出土例(京都国立博物館蔵)では鍬を担ぐ農夫に笠と円柱棒型の美豆良が表現されている。これらをみる限り、異なる表現であることから何らかの違いを表そうとした可能性は考えられるが、職掌などを厳格に区別するための表現上のセット関係が存在していたとは思えない。これについては、馬曳き・農夫の両者に共通して腰に鎌を差す表現がみられることから、馬曳きは専業ではなく、農夫が兼業していたことを示している。ただし、埴輪では農夫は両腕を胸か腰にあてるか、あるいは下にさげているのに対し、馬曳きは片手を上にあげた姿態となっている。

このようにみてくると、馬曳きと農夫は同じ階層であることから基本的な表現は同じに製作し、片手の動きのみで職掌差をあらわしていることになる。そのため、両腕周辺が遺存しないかぎり、馬曳きと農夫の区別は困難となる可能性が高い。

次に、正装男子における冠帽・頭巾など頭部表現についてみてゆくことにするが、これらのなかには特定器種にのみ普遍的にみられる表現が存在する一方で、地域・時期など極端に偏在性をみせるものもある。そのため出現時期や分布に加え、伝播状況についてもふれてみたい。

●鋸歯状冠

まず、鋸歯状冠（図6）については茨城県中央部・南部、群馬県西部・埼玉県北西部の大きく二地域に集中してみられる。時期が特定できるもののなかでは六世紀前葉頃の茨城県玉里舟塚古墳出土例が初現となるが、群馬県高崎市八幡原町出土胡座男子(天理参考館蔵)が若宮八幡北古墳に伴う人物埴輪であるとすれば五世紀末葉～六世紀初頭にまで出現時期はさかのぼる。また、埼玉県深谷市上敷免一一二七出土例(東京国立博物館蔵)も円筒埴輪の特徴などから六世紀初頭～前葉頃と考えられる。分布にみられる偏在性と各地域における出現時期を考えあわせると、茨城県の鋸歯状冠表現は、群馬県西部から埼玉県北西部にかけての地域から伝播してきた可能性が高いことになろう。

茨城県では玉里舟塚古墳出土例以降継続してみられるが、そのなかでも玉里舟塚古墳・東茨城郡茨城町駒渡駒形出土例(東京国立博物館蔵)は靫負男子の表現となっている。特異な表現であることから同一工人集団によって製作された可能性が高いが、茨城町駒渡駒形出土例では冠に鍔状表現がみられる。帯表現などに断面「コ」字形突帯を多用する茨城県中央部にあって、明確に突出する鍔表現ではないが断面三角形を呈する強い突出は、鉢巻き以外の表現を意識したものと考えられる。舟塚古墳出土例のなかにも丸帽の裾に同様な突帯を貼付したものがみられることから、いずれも鍔を表現したものと理解される。このように考えると、初期の鍔表現は突出度が小さかった可能性がある。他に鍔表現を伴う鋸歯状冠はみられないことから、茨城町駒渡駒形出土例はきわめて在地色の強い表現と考えられる。一方、玉里舟塚古墳・茨城町駒渡駒形出土例に後出すると考えられる茨城町トノ山古墳・竜ケ崎市公園内出土例(東京大学蔵)には靫負などの特異な表現はみられないことから、鋸歯状冠表現が盛行した茨城県中央部にあっても、鋸歯状冠を被る靫負男子は時期・製作集団ともに限定されるようである。

このような茨城県の状況に対し、群馬県西部・埼玉県北西部の地域では靫負男子に鋸歯状冠が表現された例は確認されていない。群馬県前橋市今井神社二号墳出土の靫負男子には閉塞「M」形頭巾（図6）が表現されており、鋸歯

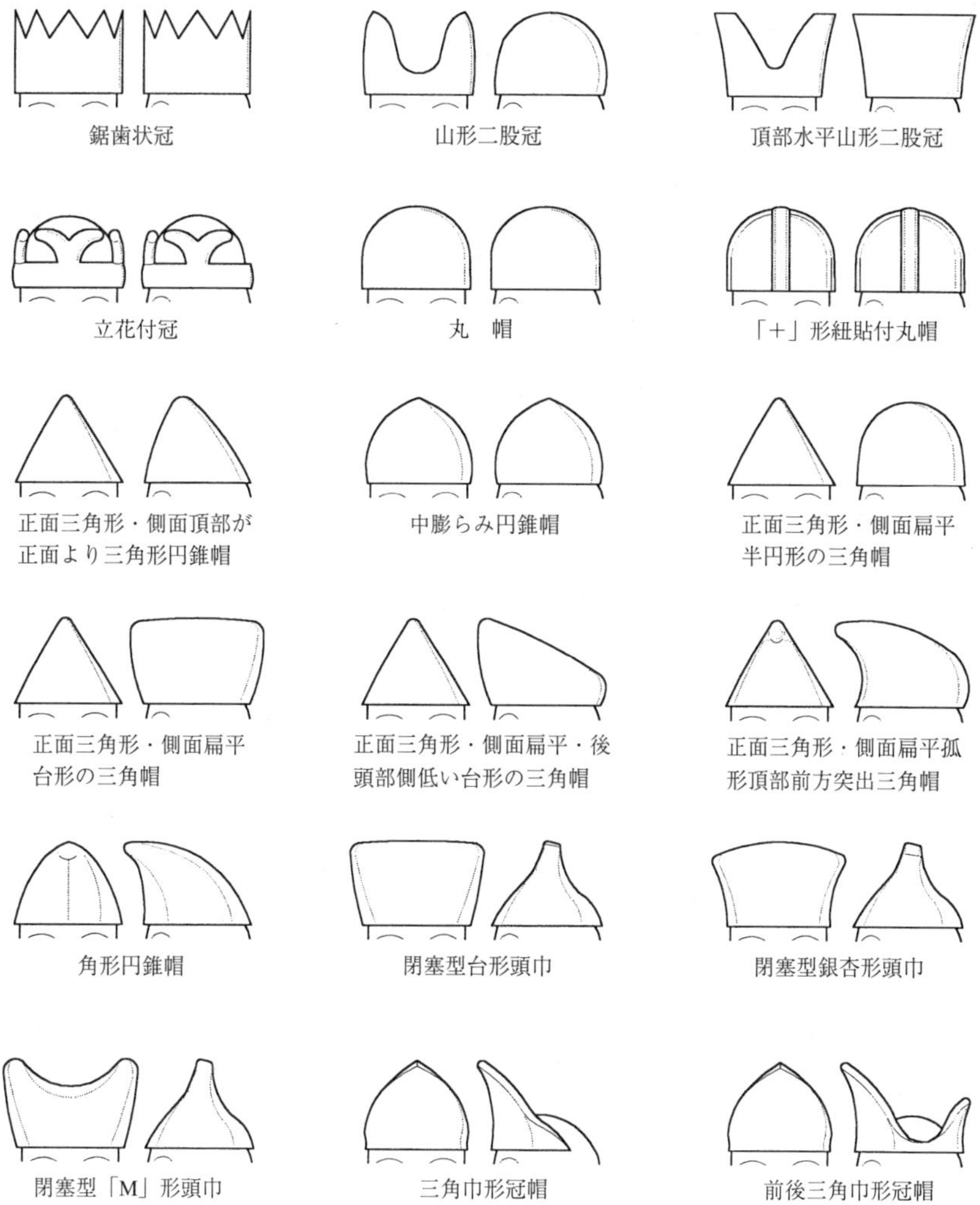
鋸歯状冠
山形二股冠
頂部水平山形二股冠
立花付冠
丸 帽
「＋」形紐貼付丸帽
正面三角形・側面頂部が
正面より三角形円錐帽
中膨らみ円錐帽
正面三角形・側面扁平
半円形の三角帽
正面三角形・側面扁平
台形の三角帽
正面三角形・側面扁平・後
頭部側低い台形の三角帽
正面三角形・側面扁平孤
形頂部前方突出三角帽
角形円錐帽
閉塞型台形頭巾
閉塞型銀杏形頭巾
閉塞型「M」形頭巾
三角巾形冠帽
前後三角巾形冠帽

図6 男子における頭部表現各種模式図(1)

状冠は正装男子に限られるようである。ただし、これらの鋸歯状冠表現が群馬県西部から埼玉県内に伝播したのか、あるは群馬県・埼玉県両地域で同時に出現したのかは不明である。

鋸歯状冠は関東地方ばかりでなく、鳥取県西伯郡淀江町井手挟三号墳出土の盾持人などにもみられることから、地域色の強い被り物表現ではなかったと考えられる。ただし、鋸歯状冠を被る人物が正装男子と靫負という、中心的人物と従属的人物双方にみられることになる。これらは身分や職掌が明確に異なることから、形態的には類似した表現ではあるが、本来は異なる被り物であった可能性が高い。

日本における古墳時代の出土遺物のなかで類似した形態のものとしては、京都府相楽郡山城町椿井大塚山古墳出土の花弁形立ち飾り付冠状鉄製品があげられる（図7-1）。花弁形であることから舌形を呈し、鋸歯形の三角形とは形態をやや異にするが、ともに首長の冠であることを考えると、高崎市八幡原町出土胡座男子が被る鋸歯状冠はこの花弁形立ち飾り付冠状鉄製品を象っている可能性が高い。これに関しては、六世紀代と後出するものの、首長の被り物にみられる星形双

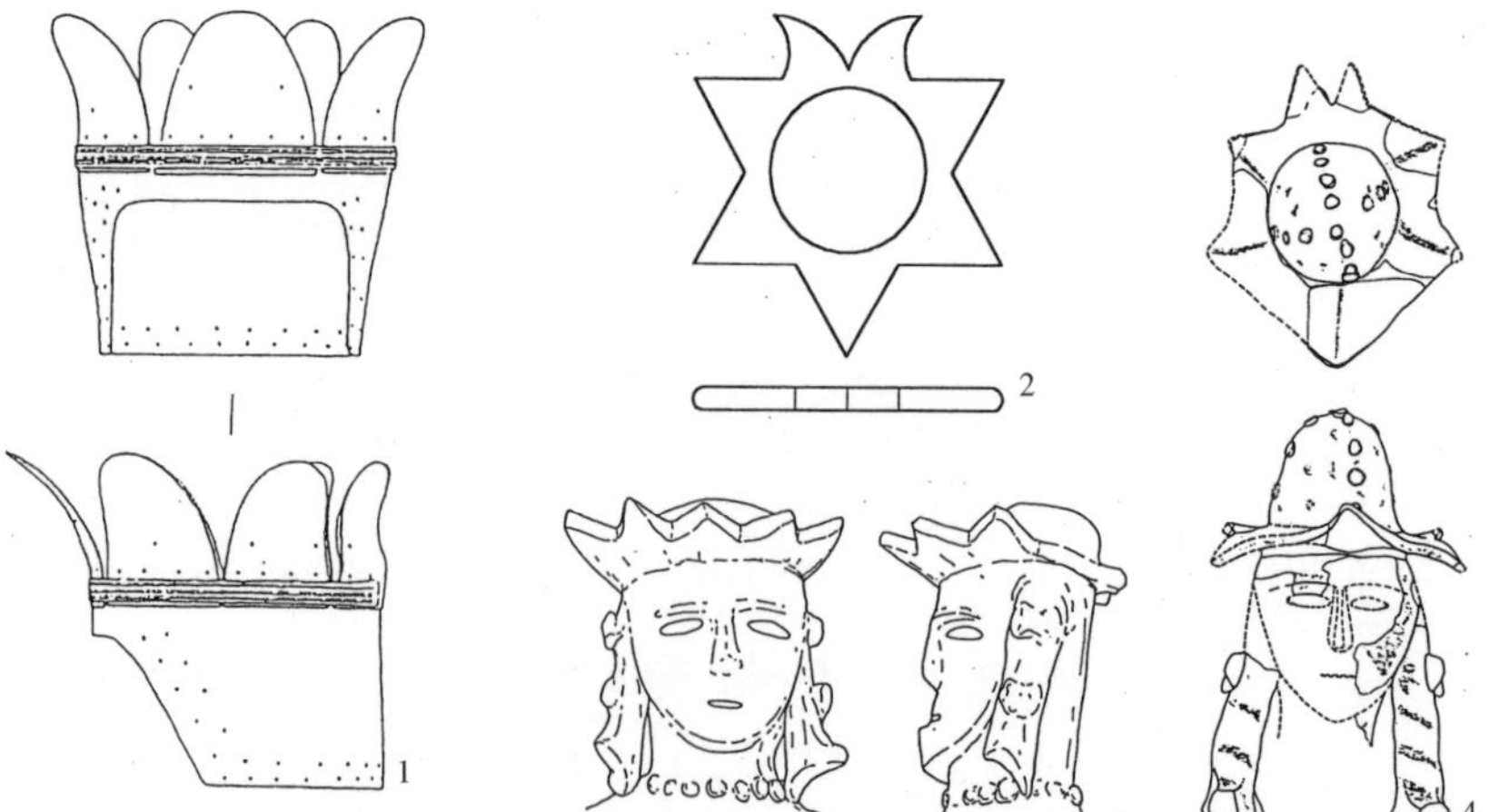

1：花弁形立ち飾り付冠状鉄製品（椿井大塚山古墳）　2：星形双脚輪状文形鍔模式図
3：星形双脚輪状文形鍔（太田市長久手）　4：星形双脚輪状文形鍔付丸帽（塚廻り3号墳）

図7　花弁形立ち飾り付冠状鉄製品と星形双脚輪状文形鍔表現

脚輪状文形鍔が注目される（図7-2）。群馬県太田市塚廻り三号墳出土例などのように帽子の鍔として表現される例（図7-4）もあるが、群馬県前橋市内(相川考古館蔵)出土品では頭頂部に五分分けの頭髪が表現されることから、星形双脚輪状文形鍔は本来単独で用いられる上部が開放型のシャンプーハット状の被り物であったと思われる。星形双脚輪状文形鍔としては終末期と考えられる群馬県太田市長久手(國學院大學蔵)（図7-3）・福島県いわき市神谷作一〇一号墳出土例も含め、いずれも正面一・両側面各二・後頭部二(足様表現)の合計七個の突起で構成される。器財埴輪である星形双脚輪状文形埴輪はこれを上回る突起数が一般的であるが、星形双脚輪状文形埴輪との類似性が指摘されている熊本県飽託郡北部町釜尾古墳の彩色による星形双脚輪状文も星形双脚輪状文形鍔と同一形態である。

鋸歯状冠と比較すると突起数・後頭部における足様表現の有無など異なる点も多いが、椿井大塚山古墳出土の花弁形立ち飾り付冠状鉄製品と比較した場合、突起の数・配列に共通性がみられる。星形双脚輪状文形鍔出現直前には、奈良県橿原市四条一号墳出土例のような威儀用儀仗かと思われる足様表現のつく円形双脚輪状文形木製品が存在することから、この影響を受け円盤状に変化したとも考えられる。

これらを考え合わせると、鋸歯状冠も星形双脚輪状文形鍔も鋸歯状突起を共通要素としており、いずれも花弁形立ち飾り付冠状鉄製品を祖形とした首長の被り物を表現している可能性が高くなる。また、椿井大塚山古墳出土品は鏡に表現された神像の被り物との類似性が指摘されていることから、鋸歯状冠も神格化された首長の被り物であったのかもしれない。このように、鋸歯状表現が首長の神格化や権威を象徴する表現とすれば、あるいは前期古墳に多くみられる上部が鋸歯状となる円筒埴輪も、鋸歯状冠を表現したものとみることもできよう。ただし、花弁形立ち飾り付冠状鉄製品は現在までのところ類例がみられない。これは、花弁形立ち飾りが外反するなど湾曲面を多く有する形態的特徴などから、本来有機質の冠であった可能性を示しており、椿井大塚山古墳出土品はそれを鉄で製作した特異例とも考えられる。

●山形二股冠

山形二股冠（図6）は類例が少なく、分布も群馬県・埼玉県・東京都に限られている。さらに鋸歯状を呈することから全くの同一形態ではないが、広義の山形二股冠表現と解釈できる埼玉県大里郡江南村舟山古墳出土例（図8-2）を加えると、出土地が明確な資料はそのほとんどが埼玉県東部・北部に集中していることがわかる。この地域では埼玉県鴻巣市新屋敷一五号墳出土例などから六世紀初頭～前葉には出現していたことになるが、山形二股冠表現自体は東京都狛江市亀塚古墳出土例（図44-1）から五世紀末葉～六世紀初頭に出現したと考えられる。また、同一表現の福島県西白河郡泉崎村原山一号墳出土例を含め線刻による斜格子文を冠外面に描いているが、新屋敷一五号墳・同三五号墳出土例は省略されている。これを新しい要素とみると、新屋敷一五号墳・同三五号墳出土例以外はすべて六世紀初頭以前に位置づけられる。このように考えると、山形二股冠は五世紀末葉～六世紀前葉までの短期間にのみ埼玉県東部・北部で製作された冠表現ということになり、亀塚古墳・原山一号墳出土例はその初期に埼玉県東部・北部から直接的に供給あるいは伝播した可能性が高くなる。白山一七号墳・舟山古墳出土例が弾琴像であることから考えると、冠の大半が欠損してはいるが埼玉県瓦塚古墳出土胡座弾琴像が最後の山形二股冠表現になるのではないかと思われる。なお、頂部が水平となる二股冠（図6）については群馬県保渡田Ⅶ遺跡出土例から、山形二股冠と同時期の五世紀末葉頃に出現しており、形態の類似性から山形二股冠の変形とも考えられる。保渡田Ⅶ遺跡出土例では下げ美豆良を伴い多量の赤彩が施されていることから、人物埴輪群において中心的役割を果たす一群の

1：伝群馬県粕川村（國學院大學蔵）　2：舟山古墳

図8　山形二股冠表現

可能性も考えられる。これに対し、埼玉県瓦塚古墳出土例は上げ美豆良で左手を上げることから馬曳きであろう。両者の間には時期差・地域差が存在することから、異なる器種の被り物が偶然同一形態で表現されたとも考えられる。しかし、あらためて保渡田Ⅶ遺跡出土例をみると、共伴している胡座男子には伴っている後頭部垂髪表現がみられず、右手も付け根部分から欠損している。また、塚廻り四号墳出土例などには下げ美豆良を表現した馬曳きが存在することなどから、保渡田Ⅶ遺跡出土例も瓦塚古墳出土例同様馬曳きとなる可能性も考えられる。とすれば、頂部が水平となる二股冠は山形二股冠の変形となる冠ではなく、五世紀末葉～六世紀前葉頃に限られてみられる馬曳きに伴う特異な形態の被り物ということになろうか。

●立花付冠

群馬県邑楽郡大泉町内出土の正装男子全身立像(相川考古館蔵)にみられる立花付冠（図6）は、他に類例がなく特殊な表現である。同一形態ではないが、類似形態の立花形立ち飾り付冠は六世紀後葉～末葉頃と考えられる茨城県日立市赤羽横穴墓群Ｂ支丘一号墓から出土している。六世紀後葉以降に盛行する襟の立体的表現や上衣のあわせにおける結紐表現などがみられる一方で、台円筒が細長く古式の様相を遺すことから六世紀中葉後半～後葉前半頃の製作と考えられる。この頃から群馬県内の正装男子全身立像は盛んに製作・樹立されるようになり、藤岡市三本木出土例(群馬県立歴史博物館蔵)・同市白石出土例(東京国立博物館蔵)のような他に類例のない頭部表現も登場してくる。その流れのなかで既成の表現形態にとらわれず、当時首長が被っていた立花形立ち飾り付冠を表現したものの、その後は盛行しなかったのではないかと思われる。

●丸帽

丸帽（図6）は被り物としてはもっとも出土例が多く、関東地方全域に分布している。とくに円形鍔がつく丸帽は、東京都を除く全域にみられる。ただし、丸帽といってもその形態は一様ではなく、丸帽本体の形状には半球形・扁平ドーム形・中膨らみ卵形などのほか、先細り気味の類円錐形や筒形に立ち上がり頂部が扁平ドーム形を呈するものなどがみられる。半球形の例としては茨城県那珂郡東海村照沼小学校保管品・埼玉県女塚一号墳出土例、扁平ドーム形の例としては群馬県前橋市田口町(東京国立博物館蔵)・同県佐波郡赤堀町下触石山五五(東京国立博物館蔵)・同県富岡市富岡五号墳・埼玉県児玉郡美里町広木大町三一号墳出土例のほか、鍔形態が不明な群馬県保渡田Ⅶ遺跡・保渡田八幡塚古墳出土例などもあげられる。一方中膨らみ卵形は埼玉県新屋敷一五号墳・同県さいたま市稲荷塚古墳・神奈川県登山一号墳出土例などにみられる。また、類円錐形は栃木県小山市飯塚三一号墳出土例（図46）にあり、円筒化頂部扁平ドーム形は千葉県香取郡小見川町城山一号墳・群馬県太田市由良字狐森四ツ塚(東京国立博物館蔵)・同県勢多郡粕川村西原Ｆ一号墳・同県藤岡市本郷(広瀬栄一蔵)・埼玉県小前田一〇号墳・同県鴻巣市生出塚三号墳・神奈川県横浜市保土ヶ谷区瀬戸ヶ谷古墳・同県川崎市高津区日向五号横穴墓出土例などにみられる。これらさまざまな形態の丸帽は、男子内での身分や地位あるいは職掌差を表している可能性もあるが、その分布状況などをみると偏在性がうかがえる。したがって、丸帽表現にみられる円筒形・卵形・半球形・頂部扁平といった基本的な形態差は格差や職掌差ではなく、地域差あるいは時期差を示していると考えられる。

このようにみると、扁平ドーム形は群馬県内に集中しており、県外例となる埼玉県広木大町三一号墳もその地理的環境を考えると群馬県からの影響が強い地域とみられることから、扁平ドーム形は群馬県内に特徴的な丸帽表現ということができよう。また、その初現が保渡田八幡塚古墳出土例であることから、群馬県においては丸帽表現出現当初から扁平ドーム形であったことになる。これに対し、中膨らみ卵形は埼玉県内と神奈川県内にのみ認められる。神奈川県登山一号墳出土の埴輪群が埼玉県行田市埼玉古墳群の埴輪群と密接な関係にあることはすでに述べたとおりであることから、中膨らみ卵形は埼玉古墳群に埴輪を供給した埼玉県鴻巣市生出塚埴輪製作遺跡の工人集団に特徴的な丸帽表現とみることができる。

これら偏在性の強い形態に対し、円筒化頂部扁平ドーム形は広域に分布している。しかし、その出現時期をみると埼玉県小前田一〇号墳出土例などが最古の一群で、六世紀中葉後半～後葉前半となる。ほぼ同時期の群馬県富岡五号墳出土例には扁平ドーム形がみられることから、群馬県・埼玉県では六世紀中葉後半～後葉前半の時期に丸帽の表現が円筒化へと変化し、その後円筒化頂部扁平ドーム形が主流になったと考えられる。しかし六世紀後葉以降長胴化の傾向はみられるものの、すべての地域で円筒化するわけではなく、栃木県下都賀郡石橋町下古山横塚(東京国立博物館蔵)・同郡壬生町安塚(東京国立博物館蔵)・佐野市唐沢山ゴルフ場埴輪製作遺跡出土例（図36）のように半球形を残す地域もあり、また群馬県内でも赤堀町下触石山五五出土例のように扁平ドーム形が残る場合もみられるようである。

頂部に直交する「＋」形紐を貼付する丸帽（図6）は類例が少なく、茨城県北部・群馬県中央部・埼玉県に分布しているだけである。茨城県北部では那珂郡大宮町一騎山四号墳（図9）・同郡東海村中道前五号墳など六世紀前葉～中葉に限られており、この時期の特徴的表現となっている。埼玉県内で時期を特定できるものはないが、円筒埴輪の特徴などから深谷市上敷免出土例(東京国立博物館蔵)などが初現で、六世紀前葉～中葉頃と考えられる。他は群馬県例も含め丸帽が円筒化していることから、六世紀後葉以降と考えられる。したがって、茨城県北部と埼玉県でほぼ同時に出現したことになる。茨城県北部が独自に創出した表現ではないとすれば、六世紀前葉～中葉頃に埼玉県から茨城県北部に頂部に直交する「＋」形紐を貼付する丸帽表現が伝播したことになろう。また、その後埼玉県では六世紀末葉頃まで継続して表現されるものの、茨城県北部では六世紀後葉頃には製作されなくなったようである。

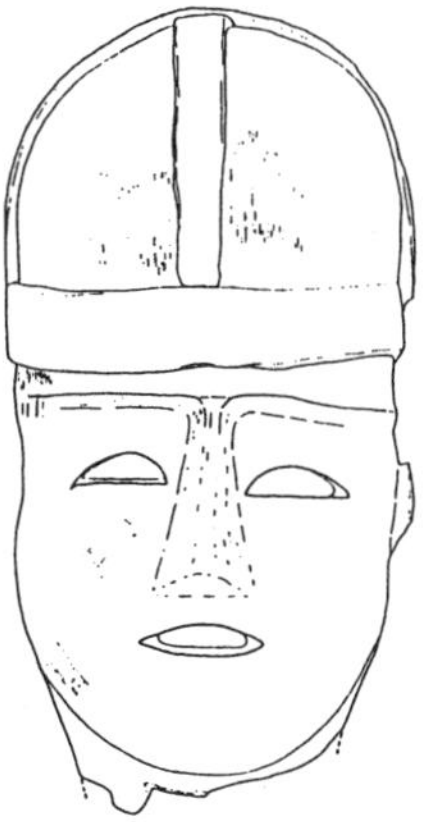
図9　一騎山4号墳出土の「＋」形紐貼付丸帽表現

●三角帽・円錐帽

正面三角形・側面扁平半円形三角帽（図6）は出土例が少ないにも

かかわらず、千葉県・埼玉県・神奈川県に分布することから地域的偏在性は認められない。しかし、千葉県成田市正福寺一号墳・埼玉県広木大町三一号墳出土女子には類例の少ない棒状紐垂れ下がりオサエ貼付耳飾り表現など、男子の帽子以外にも共通した表現がみられる。広木大町三一号墳からは六世紀前葉〜中葉頃の土師器が出土しており、神奈川県蓼原古墳も円筒埴輪にみられる器形・調整などの群馬県塚廻り古墳群との類似点から同様の時期と考えられる。また、正福寺一号墳も広木大町三一号墳出土埴輪との表現上の共通性などから六世紀中葉を大きく外れることはないと考えられることから、正面三角形・側面扁平半円形三角帽は六世紀前葉〜中葉頃の短期間にみられた表現の可能性が高い。

蓼原古墳出土例は椅座弾琴男子全身像が被っており、帽子の側面には連続三角文が複数段描かれている。同じ弾琴男子全身像の埼玉県白山一七号墳出土例をみると、被り物は山形二股冠ではあるが、側面観は半円形を呈し、斜格子文を描くなど類似点も認められる。また、山形二股冠表現が六世紀前葉までみられることと考えあわせると、正面三角形・側面扁平半円形三角帽は山形二股冠の後継表現として登場してきた可能性がある。したがって、正面三角形・側面扁平半円形三角帽が山形二股冠と同一性格の人物に伴う被り物であるとすると、埼玉県白山一七号墳・舟山古墳出土例のように弾琴を中心とする正装男子に表現されているものと思われる。ただし、正面三角形・側面扁平半円形三角帽は二股冠の山形部分を貼り合わせたような形態をとるが、このような形態変化が六世紀前葉頃に起こったとするには、その過渡的様相を示す資料が確認されていないことから困難である。むしろ、山形二股冠という外冠表現から、熊本県玉名郡菊水町江田舟山古墳出土金銅製竜文透彫冠帽のような内冠表現へと主体が変化した可能性が高い。このように考えると、正面三角形・側面扁平半円形三角帽は帽子ではなく冠という可能性も出てこよう。また、正面三角形・側面頂部が正面寄り三角形円錐帽（図６）も、その形態的特徴から初期の内冠表現であるとも考えられる。

このことについては、出土例のひとつ保渡田八幡塚古墳では椅座女子に対峙する椅座男子に伴う表現とされることからも、埴輪祭祀において中心的役割を果たす正装男子の被っていた内冠表現である可能性が高い。

正面三角形・側面扁平後頭部側低い台形の三角帽（図6）は保渡田Ⅶ遺跡出土例にのみみられる特異な表現である。その形態的特徴に類似するものとしては正面三角形・側面頂部が正面寄り三角形円錐帽（図6）や、正面三角形・側面扁平弧形頂部前方突出三角帽（図6）、角形円錐帽（図6）などがあげられる。ただし、角形円錐帽は後述するように出現時期が大きく遅れる。また、正面三角形・側面頂部が正面寄り三角形円錐帽の出土例は保渡田八幡塚古墳であることから、同一古墳群・同一時期にモデルが同じで異なる埴輪表現であったと理解するのには問題がある。さらに、正面三角形・側面扁平弧形頂部前方突出三角帽についても保渡田Ⅶ遺跡出土の盾持人にみられる表現でもあることから、正面三角形・側面扁平後頭部側低い台形の三角帽はいずれとも異なる被り物であった可能性が考えられる。あるいは、側面台形という共通性から、茨城県常陸太田市元太田山埴輪製作遺跡や千葉県山武郡芝山町殿部田一号墳出土例など、六世紀中葉～後葉にかけて茨城県・千葉県においてのみ出現する正面三角形・側面扁平台形三角帽（図6）の祖形となった被り物かもしれない。

正面三角形・側面扁平弧形頂部前方突出三角帽は群馬県保渡田Ⅶ遺跡と栃木県小山市絹四号墳出土例にのみみられる。保渡田Ⅶ遺跡出土例が盾持人であることを考えると、頭部しか遺存していない絹四号墳出土例も盾持人となる可能性がある。あるいは、絹四号墳の内部主体が横穴式石室であり六世紀後半代の築造と考えられることから、その出現時期や形態的特徴の類似性から、角形円錐帽の変形として保渡田Ⅶ遺跡出土例の系譜を引かず出現してきたとも考えられる。

角形円錐帽は群馬県と神奈川県にのみ分布しているが、その分布状況からみて群馬県が中心であったと考えられる。また、類例は少ないものの県内全域に分布することから、共通した表現であったと思われる。ただし、オクマン山古墳出土例は頂部が扁平表現となっており、地域色がうかがえる。出現時期については群馬県綿貫観音山古墳出土例が最古と考えられることから、六世紀後葉頃群馬県で出現したものと思われる。したがって、群馬県外で唯一となる神奈川県横浜市鶴見区駒岡瓢箪山古墳出土例は群馬県内から直接供給されたか、あるいは製作に関して群馬県内の工人集団が深く係わっていた可能性が高い。

●閉塞型・開放型頭巾

閉塞型台形頭巾（図6）は千葉県・栃木県・埼玉県・東京都と広範囲に分布しているが、千葉県市原市山倉一号墳（図10-1）・東京都北区赤羽台四号墳出土例は埼玉県生出塚埴輪製作遺跡から直接供給されたと考えられている。また初現についてみると、北埼玉郡南河原村南河原(東京国立博物館蔵)・桶川市川田谷字若宮出土例(東京国立博物館蔵)など埼玉県内で六世紀中葉頃に出現するようである。その後も小前田九号墳出土例などを経て川越市南大塚四号墳出土例と、埼玉県内では六世紀末葉頃まで継続してみられる。これに対し群馬県内では一例も確認されていないことから、閉塞型台形頭巾は埼玉県とくに生出塚埴輪製作遺跡を拠点とする工人集団に特徴的にみられる表現であったといえよう。このように考えると、形態的にも閉塞型台形頭巾に類似し、生出塚埴輪製作遺跡とここから供給されたとみられる鴻巣市笠原古墳群にのみ出土例がある閉塞型銀杏形頭巾（図6）も同様であろう。ただし、それぞれ異なる被り物を表現しているのか、あるいはいずれかが変形表現なのかについては、両表現に明確な時期差がみられないことから不明である。

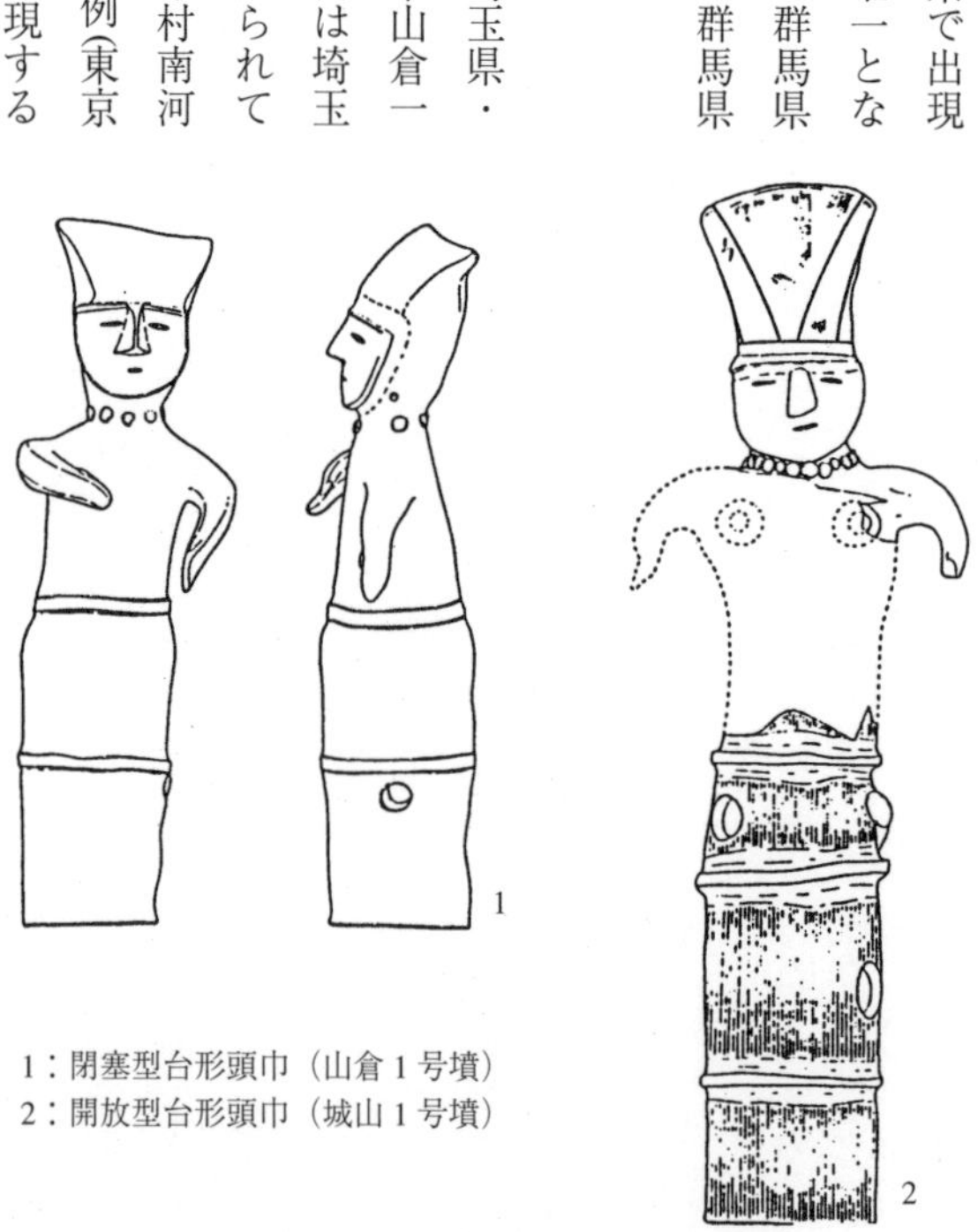

1：閉塞型台形頭巾（山倉1号墳）
2：開放型台形頭巾（城山1号墳）

図10　閉塞型・開放型台形頭巾表現

このような閉塞型台形頭巾に対し、閉塞型「M」形頭巾（図6）は群馬県を中心に茨城県北部・埼玉県の北部・西部に分布する。埼玉県東松山市内出土例(國學院大學蔵)が六世紀中葉以前に遡る可能性はあるが、時期の特定できる資料としては群馬県綿貫観音山古墳出土例が初現であることから、六世紀後葉前半には群馬県内で出現していたことになろう。その後オクマン山古墳出土例など六世紀末葉頃まで継続してみられる。県内全域に分布することから閉塞型「M」形頭巾は群馬県内に共通してみられる表現であり、茨城県高萩市行人塚古墳・埼玉県行田市酒巻一四号墳出土例などは、この時期群馬県からの影響を受けて出現したものと考えられる。このようにみてくると、閉塞型台形頭巾は埼玉県に特徴的な表現であり、閉塞型「M」形頭巾は群馬県に特徴的な表現となる。ここで改めて両者の形態を比較すると、頭巾の上辺が直線かあるいは中央が窪むかによって分けられているが、基本は閉塞型台形の頭巾である。したがって、これは頭巾を埴輪化する際に生じた両工人集団間の表現上の形態差であり、モデルは同じ閉塞型台形頭巾であったと考えられる。両者の出現時期を比較すると閉塞型台形頭巾が先行するものと思われるが、東松山市内出土例が六世紀中葉以前に遡るとしても、閉塞型台形頭巾の埴輪表現そのものは埼玉県が先行することになる。また、埼玉県西部で出現した閉塞型「M」形頭巾はその後埼玉県内では盛行せず、閉塞型台形頭巾に表現が統一されたことになろう。このように考えると、閉塞台形頭巾を被る男子という器種は埼玉県から群馬県に伝播した可能性は存在するものの、形態も含めた製作技法は影響をあたえなかったことになろう。

閉塞型と開放型の違いはあるが、正面形が台形あるいは銀杏形となる頭巾が埼玉県・茨城県北部・千葉県にもみられる。茨城県中道前五号墳出土の前面開放型台形頭巾（図13）は他に類例がみられないが、共伴する人物埴輪群が埼玉県生出塚埴輪製作遺跡からの強い影響を受けて製作されたものであることから、前面開放型台形頭巾も埼玉県からの伝播あるいは影響を受けて出現した頭巾表現なのかもしれない。

開放型台形・銀杏形頭巾（図13）は千葉県北部・中央部と神奈川県東部にのみみられる地域性の強い表現である。

千葉県内では我孫子市高野山一号墳・印旛郡印旛村大木台二号墳・城山一号墳出土例（図10-2）と「下総型」に多くみられるが、成田市竜角寺一〇一号墳出土の盾持人や流山市東深井七号墳出土例にも認められることから、「下総型」前段階から千葉県北部における特徴的な表現となっていたことがわかる。また、頭部開放型ではなく前立て形（図13）ではあるが、銀杏形頭巾状表現が東深井七号墳のほか山武郡山武町森台七号墳出土例にもみられる。千葉県外で唯一開放型銀杏形頭巾となる神奈川県横浜市戸塚区上矢部富士山古墳出土例は、共伴する円筒埴輪が竜角寺一〇一号墳・成田市高野一号墳など後述する「市之代型」ときわめて類似した諸特徴を有することから、当該地域からの直接供給の可能性も含め、密接な関係にあることが推測される。正装男子・盾持人などに表現されており、この点では明確な職掌を示すとはいいがたい。あるいは、東深井七号墳出土の正装男子全身立像にみられる前立て形は、頭巾ではなく冠の一種として表現されたものの、表現上の簡略化が極端に進行したため銀杏形頭巾と類似した形態となったのかもしれない。

このようにみてくると、開放型台形・銀杏形頭巾は、六世紀中葉以降の千葉県北部を中心とした地域の特徴的表現といえる。出現時期を考えると、これらの台形・銀杏形頭巾表現は千葉県北部が独自に考え出したものではなく、埼玉県からの伝播・影響下で出現した可能性が高い。ただし、埼玉県ではすべて閉塞型であることから、頭部を開放した開放型台形・銀杏形頭巾はこの地で創出されたのではないかと考えられる。このことは、開放形頭巾表現がこの地域で定形化・規格化したことを意味し、さらにモデルとなる被り物の本来の形態から遠く離れ、極端に簡略化・形骸化した表現となったことをも意味している。

開放形頭巾としてはほかに円筒形頭巾がある（図13）。立ち上がりが小さく急激に外反する一群(A類)と、立ち上がりが大きく緩く外反する一群(B類)とにわけられる。A類は埼玉県熊谷市女塚二号墳・同県行田市埼玉二号墳（図45）・同県さいたま市東宮下など出土例は埼玉県内にほぼ限られている。埼玉二号墳出土例などから六世紀初頭頃にはすでに出現していたと考えられるが、その後埼玉県内では盛行しなかったらしく、六世紀中葉頃の類例は確認できない。同様な表現は福島県原山一号墳出土例にもみられることから、山形二股冠の状況と考えあわせると、立ち上がりが小さく急激に外反する円筒形頭巾Ａ類も五世紀末葉～六世紀初頭に埼玉県北部・東部で出現し、前葉頃までの短期間に製作が行われた表現の可能性が高い。

一方立ち上がりが大きく緩く外反する円筒形頭巾Ｂ類は茨城県南部と千葉県北部にのみ分布する特徴的な表現方法である。茨城県つくば市下横場塚原(東京国立博物館蔵)・千葉県城山一号墳出土例などから「下総型」にみられるものと思われる。ただし、「下総型」ではない茨城県真壁郡大和村孫八古墳出土例をみると、台円筒が細長く突帯が下端に貼付されるなど群馬県の台円筒の特徴を有することから、円筒形頭巾は群馬県から伝播してきた表現の可能性も考えられよう。つくば市下横場塚原の盾持人や孫八古墳の農夫など低い階層の人物に伴う表現と考えられるが、開放型台形・銀杏形頭巾にも盾持人がみられる。「下総型」に先行する「市之代型」の竜角寺一〇一号墳では銀杏形頭巾となっていることを考えると、あるいはつくば市下横場塚原の盾持人に表現された円筒形頭巾は開放型銀杏形頭巾の形骸化表現であり、孫八古墳の農夫とは異なる被り物であった可能性も否定できない。

●三角巾形冠帽

三角巾形冠帽（図６）は関東地方ほぼ全域に分布するが（図12）、その形態を詳細に観察すると、額から側頭部にかけて巻き付けるように表現される一群(巻き付け型三角巾)と、額部に前立てのように貼り付けた一群(前立て型三角巾)とにわけられる。巻き付け型三角巾は、群馬県伊勢崎市豊城町権現山所在古墳出土例(相川考古館蔵)のほか栃木県足利市熊野山古墳群・神奈川県駒岡瓢箪山出土例など、六世紀後葉頃の群馬県内の埴輪工人が製作に関与した可能性が指摘されている古墳にみられる。これに対し、前立て型三角巾は六世紀末葉の千葉県山倉一号墳・埼玉県酒巻一四号墳・同県北本市中井一号墳出土例など埼玉県内の工人集団が製作した一群にみられる。また、両者の中間となる浅い巻き付け表現も六世紀後葉頃の築造とされる茨城県那珂郡東海村舟塚一号墳出土例などにみられる。これらを形態・施文などから比較すると、前立て型三角巾がもっとも簡略化された表現であることがわかる。とすれば、モデルとなった被り物の三角巾部分は本来額から側頭部にかけて巻き付けていたものではないかと思われる。このように考えると、群馬県伊勢崎市権現山所在古墳出土例などがもっとも写実的な表現であり、茨城県・埼玉県例はともに群馬県内からの伝播過程で形態が変化した結果生まれた在地的表現ではないかと考えられる。したがって、三角巾形冠帽は群馬県内で六世紀後葉頃出現し、ほぼ同時期に茨城県へと伝播したため茨城県内では巻き付け表現が保持されたのに対し、埼玉県では茨城県より遅れた六世紀末葉頃に影響を受けたため在地的変形が大きかったのではないかと思われる。その背景としてあげられるのが、この時期の埼玉県内における生出塚埴輪製作遺跡を中心とした人物埴輪における一層の簡略化表現の進行であり、これによって本来巻き付け型であった三角巾も極端に形骸化した前立て型へと変形したものと考えられる。

これら前面にのみ大形の三角巾が表現される三角巾形冠帽に対し、前面は同じ表現をとりながら、後頭部側にも小形の三角巾が付加される前後三角巾形冠帽もある（図６）。群馬県を中心に千葉県・埼玉県にも出土例が認められるものの、類例は少ない（図12）。埼玉県酒巻一四号墳出土例や、「下総型」埴輪が樹立されていた千葉県山武郡芝山町宝馬三五号墳出土例（図11-2）などから六世紀末葉頃には出現していたと考えられるが、初現については明確にできない。このなかで群馬県伊勢崎市波志江町内（箱根美術館蔵）出土例（図11-1）についてみると、脚部の袴に鰭状突出表現が認められる。この鰭状突出表現は群馬県内の男子全身立像に多く認められるが、高塚古墳出土武装男子全身立像（図３-１）以前の脚部には鰭状突出表現がないことから、六世紀後葉以降に盛行した表現とみることができる。また、伊勢崎市波志江町内出土例は鰭の突出度がきわめて小さいのが特徴である。これを古式の様相とみれば、高塚古墳出土例に近い六世紀後葉頃の製作とみることができよう。このように考えると、分布状況や基本形における

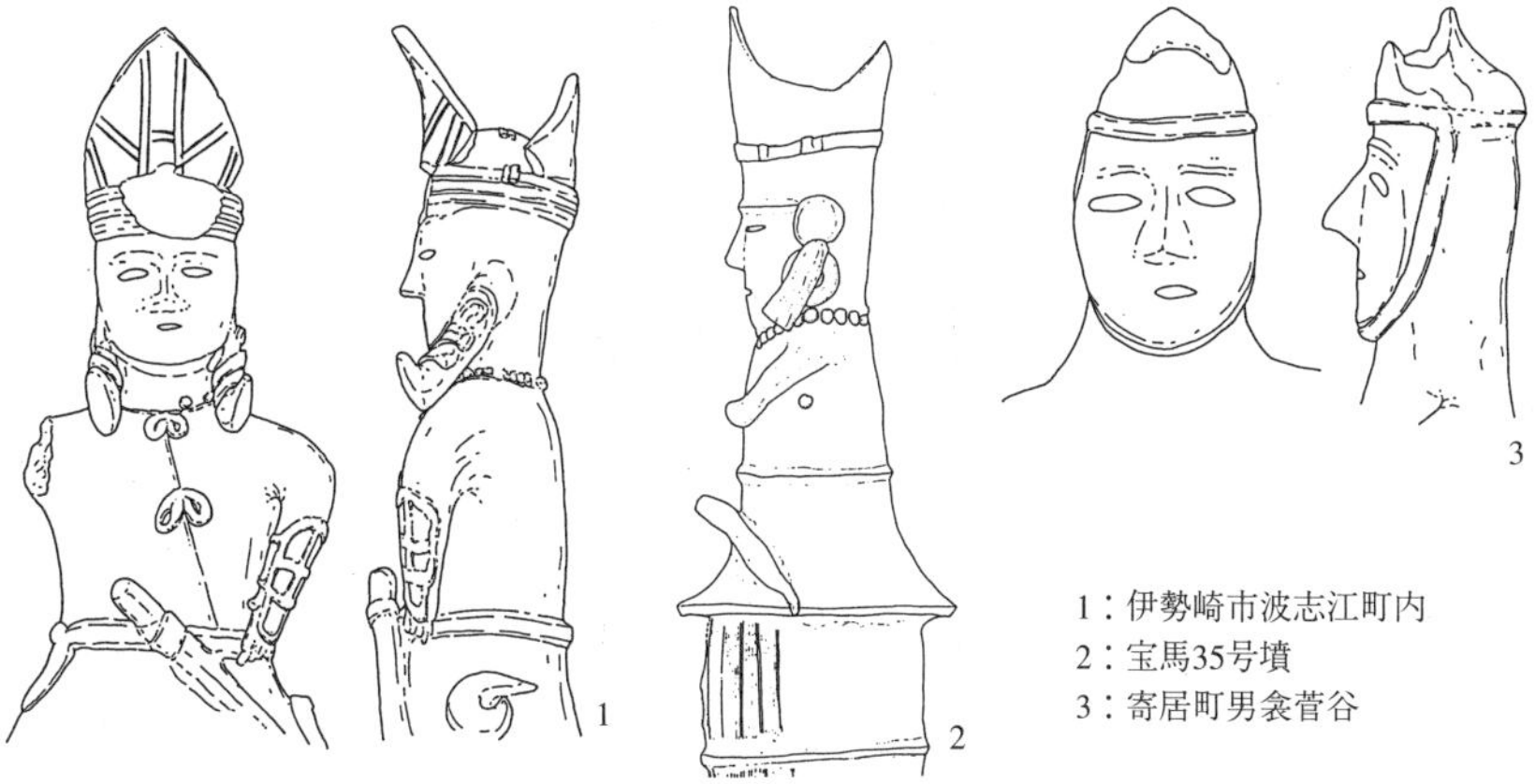

図11　前後三角巾形冠帽表現

三角巾形冠帽との共通性などから、前後三角巾形冠帽も六世紀後葉頃群馬県内で出現し、その後各地に伝播した表現方法であったと考えられる。

三角巾形冠帽との関係については、出現時期がほぼ同じと考えられるほかは不明な点が多い。類似形態であることからいずれかが変形表現である可能性も考えられるが、埼玉県酒巻一四号墳出土例には両者がみられる。ともに筒袖の男子全身立像が被っている。両人物はほぼ同一の表現となっているが、前後三角巾形冠帽を被る人物には上衣に立体的合わせと結紐表現がみられるのに対し、三角巾形冠帽の人物には立体的合わせ表現しかみられない。これを表現上の格差とした場合、前後三角巾形冠帽を被る人物は三角巾形冠帽を被る人物の上位に位置すると解釈することもできる。しかし類例が少ないことから断定はできず、その可能性を指摘するだけに留めておきたい。

なお、群馬県伊勢崎市波志江町内出土の前後三角巾形冠帽を被る正装男子全身立像は二体あり、鉢巻き表現を異にしている。しかし、頭頂部を横断する二本の紐表現が共通してみられ、いずれも両側の鉢巻き部分で止まっている。三角巾形冠帽の千葉県山倉一号墳出土筒袖の男子全身立像や前後三角巾形冠帽の変形表現となる可能性が高い埼玉県大里郡寄居町男衾菅谷出土例（國學院大學蔵）（図11-3）などでは

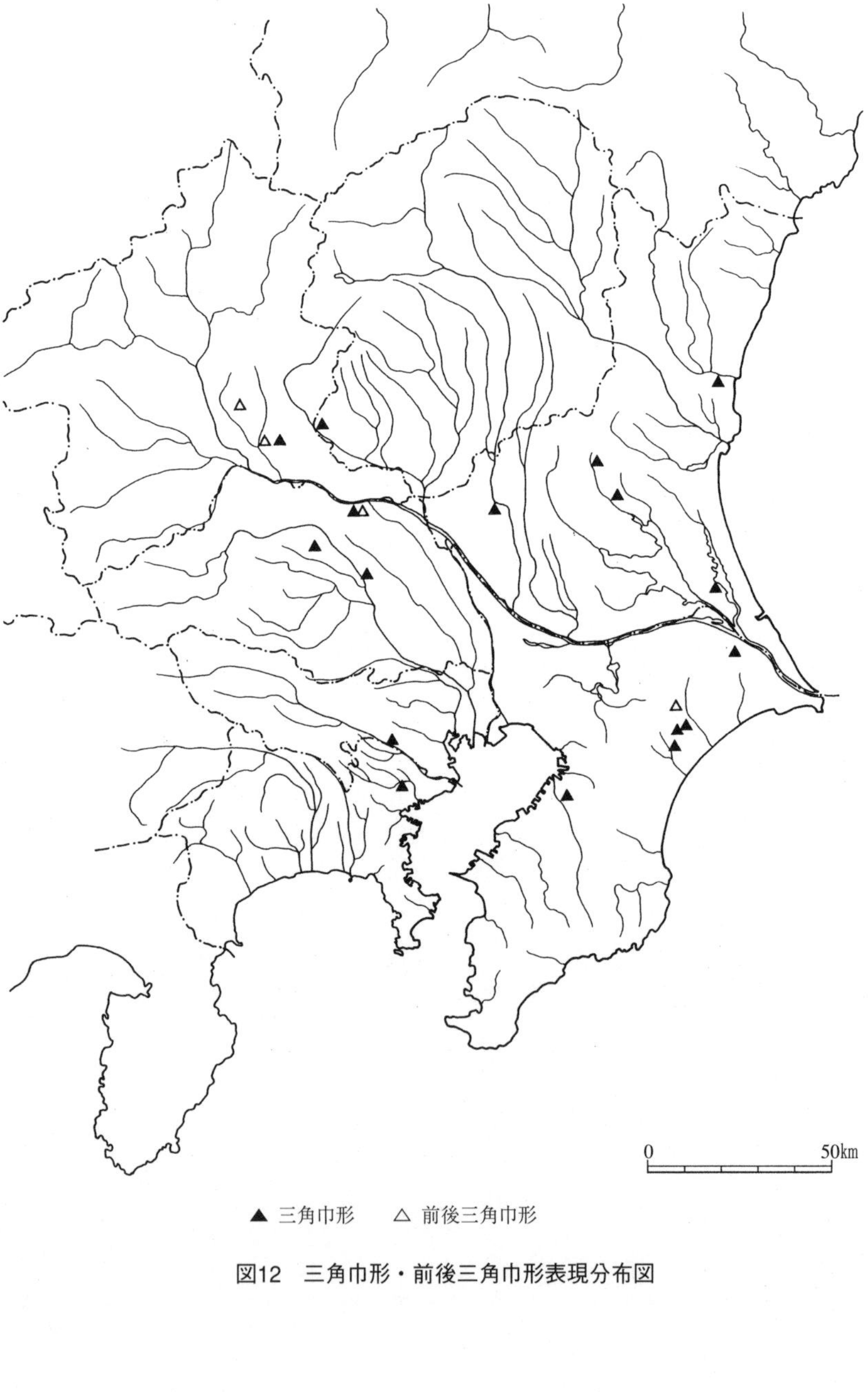

▲ 三角巾形　△ 前後三角巾形

図12　三角巾形・前後三角巾形表現分布図

顎紐表現がみられることから、群馬県伊勢崎市波志江町内出土例も顎紐部分を省略したか、あるいは頭頂部へ持ち上げた状態の表現とも考えられる。あるいは、三角巾頂部が水平となり台形を呈するものの、三角巾形冠帽の変形と考えられる伝茨城県日立市西の妻古墳出土例では、着脱式冠帽として製作されていることから、被った際に頭部からずり落ちるのを防ぐために頭部に渡した紐とも解釈できる。いずれにしても群馬県伊勢崎市波志江町内出土例は、前後三角巾形冠帽のなかでもっとも写実的な表現と考えられ、三角巾が緩く左右に湾曲しながら先端が前傾するなど有機質の被り物であったことが想定される。また、三角巾正面に施された線刻文の基本的構図が、簡略化されてはいるものの茨城県新治郡八郷町丸山四号墳出土例に模倣されていることから、この時期群馬県から茨城県中央部へ伝播した可能性が高いことを示している。

●笄帽形頭巾

笄帽形頭巾（図13）とした一群については本稿では頭巾としたが、正確には帽子なのか頭巾なのか、あるいは一種の髪型なのかについては特定できない。これについては、笄帽形頭巾表現のモデルであった可能性が指摘されている埼玉県熊谷市上中条出土例では、頂部が筒状に巻き付けあるいは折り返されており、さらに紐巻表現もみられることから本来の形状は複雑であり、そのため早い時期に単純な笄帽形表現へと簡略化された可能性も考えられる。

笄帽形頭巾は盾持人に多くみられる。笄帽形頭巾の盾持人は、盾持人そのものの出土例がほとんどない栃木県・東京都を除き、関東地方のほぼ全域に分布している。また、群馬県・埼玉県では保渡田Ⅶ遺跡・女塚一号墳出土例にみられることから五世紀末葉には出現しており、前橋市内堀M一号墳・行田市将軍山古墳出土例のように六世紀後葉～末葉頃まで継続してみられ、盾持人のなかでは圧倒的に多い被り物である。しかし、笄帽形頭巾は盾持人に限られた表現ではなく、盾をもたない正装男子などにもわずかながら認められる。

盾持人以外の男子にみられる笄帽形頭巾表現の初現は、現在までのところ六世紀前葉頃の茨城県玉里舟塚古墳出土

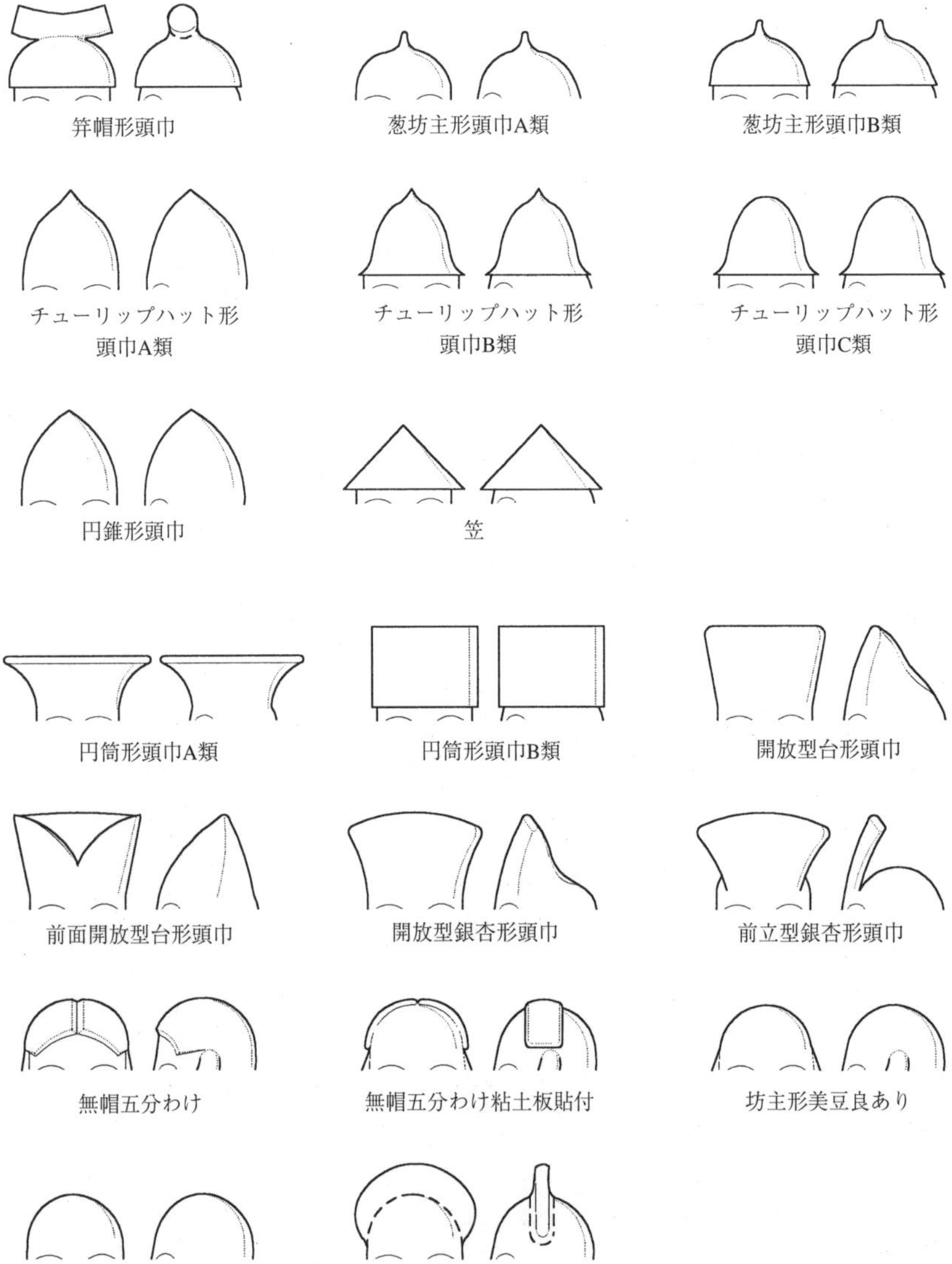

図13　男子における頭部表現各種模式図(2)

例と考えられる。頭部のみの遺存である埼玉県熊谷市上中条出土例が盾持人でないとすれば出現時期はさらに早まるものと考えられる。玉里舟塚古墳に続くと考えられるのが、千葉県北部の東葛飾郡沼南町内出土例(東京国立博物館蔵)である。千葉県北部ではさらに佐原市片野二三号墳からも出土しており、沼南町内→片野二三号墳という系譜が想定される。片野二三号墳出土の埴輪は「下総型」埴輪であるが、茨城県でも「下総型」埴輪を出土したつくば市下横場塚原からも笄帽形頭巾表現の正装男子半身像が出土している。これらを考えあわせると、茨城県・千葉県では玉里舟塚古墳出土例に始まり、沼南町内出土例を経て「下総型」まで笄帽形頭巾が継続してみられるが、特定の階層や職掌を示す表現とは限らないようである。

茨城県・千葉県の状況に対し、栃木県足利市明神山五号墳・埼玉県東松山市桜山埴輪製作遺跡出土例はともに左手を上にあげていることから馬曳きと考えられる。群馬県伊勢崎市波志江町内出土例(國學院大學蔵)も上げ美豆良表現であることから、農夫あるいは馬曳きとなる可能性が高い。したがって、現在までに確認されている例をみる限り、群馬県を中心とする地域では男子における笄帽形は農夫・馬曳きなどの低階層の男子にのみ伴う表現として統一されているようである。

●葱坊主形・チューリップハット形頭巾

葱坊主形・チューリップハット形頭巾(図13)とした一群は、鉢巻き表現のない丸帽・円錐帽などと明確には区別できない。しかし鍔を有する類型が存在しないこと、突起を有するものが多いこと、また突起を有しない場合でも裾広がりとなるなどの形態的特徴がみられることから、鉢巻き表現のない丸帽や円錐帽とは異なる頭巾状の被り物と考えられる。

下端部に段を持たない葱坊主形A類、下端部有段となる葱坊主形B類、下端部に段を持たず頂部に突起が付くチューリップハット形A類、下端部有段で頂部に突起が付くチューリップハット形B類、下端部有段頂部半球形のチューリップハット形C類、下端部に段を持たず中膨らみとなる円錐形などがある。

初現としては六世紀前葉となるチューリップハット形C類の塚廻り四号墳出土例などがあげられる。六世紀中葉後半のチューリップハット形B類の上芝古墳出土例とあわせて考えると、初期の一群は裾広がりのチューリップハット形が基本形で、なおかつ下端部を有段にすることで、これらの頭部表現が被り物であることを写実的に表していたものと考えられる。これに対し、葱坊主形A類とチューリップハット形A類はともにチューリップハット形B類に類似するが、裾広がりにはならず下端部に輪郭表現すらみられない。出現時期が葱坊主形A類は綿貫観音山古墳出土例などから六世紀後葉、チューリップハット形A類は酒巻一四号墳出土例から六世紀末葉と考えられることから、葱坊主形A類・チューリップハット形A類はチューリップハット形B類の簡略化表現とみることもできる。ただし、葱坊主形A類にくらべチューリップハット形A類のほうが長頭化しており、さらに葱坊主形A類の綿貫観音山古墳出土例では上げ美豆良の農夫あるいは馬曳きと考えられるのに対し、酒巻一四号墳出土例では力士の被り物として表現されていることなどから、葱坊主形A類とチューリップハット形A類は異なる被り物の可能性もある。同様な現象は塚廻り四号墳出土例にもみられる。塚廻り四号墳出土例ではチューリップハット形B類・同C類の二種類が認められるが、チューリップハット形B類を被る男子は両手で何かを捧げている（図14）のに対し、チューリップハット形C類の男子は片手を上げた馬曳きと考えられる。このように姿態が異なることから、チューリップハット形B類とチューリップハット形C類も異なる被り物であった可能性が高い。

図14　塚廻り4号墳出土のチューリップハット形頭巾B類表現

なお、葱坊主形B類の下端部が鍔状あるいは突帯状に突出した形態のものがあり、これらを被る男子は栃木県足利市寺岡町出土例(東京国立博物館蔵)のように棒状突起となる特異な形態の美豆良を伴う例がみられる。この棒状突起形美豆良は千葉県姫塚古墳出土の笠を被る男子などにみられることから、分布状況なども含め葱坊主形B類は群馬県内に特徴的な笠の形骸化表現となる可能性も考えられる。確かに笠を被る男子には葱坊主形B類と同様馬曳きと思われる男子が多いが、笠表現そのものの出現は六世紀後葉以降の可能性が高く、また群馬県内の出土例となる太田市脇屋の笠は比較的整った円錐帽状に表現されていることから、葱坊主形B類が笠表現であるとは断定できない。しかし、いずれにしても葱坊主形・チューリプハット形頭巾や笠を被る男子には農夫・馬曳きなどが圧倒的に多いことから、これらの階層の男子の一般的な被り物であったと考えられる。

●無冠・無帽

冠帽や頭巾などを被らない男子も多く、正装男子や農夫・馬曳きなどさまざまな階層・職掌にみられる。ただし、鉢巻きや鐶状表現が付加されるものがあり、これらの表現によって何らかの差を表していたものと思われる。

無帽五分わけ表現（図13）は広範囲に分布している。鉢巻きなどの付属表現がみられない例がもっとも多く、とくに茨城県・群馬県・埼玉県に集中している。また、これら三県では茨城県行方郡北浦村小幡(東京国立博物館蔵)・群馬県佐波郡境町剛志天神山古墳・埼玉県上敷免一一二七出土例など六世紀初頭～前葉を初現とし、終末まで盛行している。これに対し、星形双脚輪状文形になると思われる鐶をシャンプーハット状に被る一群は群馬県内にしかみられず、逆に結び目表現のない帯状鉢巻きだけを伴う一群は群馬県には認められない。茨城県における結び目表現のない帯状鉢巻きは六世紀前葉～中葉の一騎山四号墳出土例（図27-2）が初現であり、その後も東海村舟塚古墳群出土例のように北部で六世紀後葉頃まで継続するようである。千葉県では匝瑳郡光町小川台五号墳・山武郡芝山町木戸前一号墳出土例など中央部で六世紀後葉以降に出現することから、茨城県北部からの伝播の可能性も考えられよう。また、両県以外で唯一例となる埼玉県大里郡岡部町千光寺一号墳出土例をみると、その製作技法が六世紀中葉頃の茨城県北部久慈川流域における「久慈型」人物埴輪と酷似している。したがって、千光寺一号墳出土の人物埴輪は茨城県北部久慈川流域の工人が製作に直接関与したか、あるいは逆に千光寺一号墳出土の人物埴輪を製作した工人集団が茨城県久慈川流域の埴輪製作工人集団成立に直接的な影響を与えたものと考えられる。

短冊形粘土板を貼付し五分わけ表現（図13）とする一群は群馬県伊勢崎市内にしか類例はみられず、その出現時期も共伴する埴輪などから六世紀後葉以降と考えられる。また、小形で極端に簡略化された表現である一方、精巧な大形武装男子全身立像や女子全身立像などが伴っている。上げ美豆良の男子にのみみられることなどから、この表現は六世紀後葉以降の群馬県中央部において、表現上の格差を意識して製作された農夫あるいは馬曳きに伴う頭髪の簡略化表現であろう。

美豆良は伴うものの、冠帽や頭巾ばかりでなく五分わけ髪の表現すらない坊主形（図13）については、これが極端な簡略化表現とした場合、鉢巻きや鍔状表現の付加されない丸帽・円錐帽・下端部に輪郭表現のない円錐形頭巾などと区別はできない。しかし、西日本に広くみられる無帽頭部扁平表現例はないものの、頭部が比較的扁平な埼玉稲荷山古墳出土例などは無帽で五分分け表現のない頭部と考えられる。一方、美豆良・五分わけ髪ともにみられない坊主形（図13）については、坊主頭を表現したのかあるいは完全に頭部表現が省略されてしまったものなのかの判断は困難である。ただし、千葉県木更津市内出土例(東京国立博物館蔵)のように盾持人の可能性が高いものや、神奈川県登山一号墳出土力士（図2）のように比較的初期の例を除き坊主形は農夫あるいは馬曳きと考えられる男子に圧倒的に多くみられる。このことから考えて、美豆良・五分わけ髪ともにみられない坊主形は、短冊形粘土板貼付五分わけ表現と同様、格差を意識して意図的に簡略化された農夫や馬曳きの頭部表現であったと考えられる。

ところで、埼玉県東部と密接な関係が考えられている登山一号墳出土の力士が美豆良・五分わけ髪ともにみられない坊主形表現であることを考えると、埼玉稲荷山古墳にみられる同様な頭部表現の男子（図26-3・4)も力士となる可能性が高い。力士の頭部表現といえば、大阪府昼神車塚古墳出土例にみられるような無帽扇形扁平髷（図13）があげられる。関東地方では茨城県行方郡玉造町三昧塚古墳・群馬県保渡田Ⅶ遺跡出土例にみられる。関東地方との関係が深いと考えられる福島県原山一号墳出土例も力士であることから、無帽扇形扁平髷は力士に限定された頭部表現であり、関東地方では人物埴輪の初期にのみみられるようである。

このほか、他に類例のない特異な頭部表現もみられる。これらは、その多くがきわめて写実的であったかあるいは逆に極端な形骸化が進んだ象徴的表現のためではないかと思われる。例えば保渡田Ⅶ遺跡出土の開放扁平台形頭巾は、その出現時期や台形頭巾という形態的特徴などから、後に定形化する閉塞型台形頭巾などの祖形となる写実的表現であった可能性も考えられる。

また、特異な頭部表現が盾持人に多くみられるのも特徴的である。このなかで頂部縦板四方貼付形頭巾となる塚廻り一号墳出土例と、球形縦連続透かし帽の女塚一号墳出土例を比較すると、頂部縦板四方貼付形頭巾は粘土貼付成形で、球形縦連続透かし帽は透孔切り取り成形となっている。しかし、ともに表現が頂部に限られており、いずれも放射状の縦方向にのみ透孔や粘土板を配していることから、同一の被り物を表現している可能性が高い。出現時期からみると女塚一号墳出土例が先行する可能性が高いことから、塚廻り一号墳出土例は球形縦連続透かし帽を簡略化した表現であったのかもしれない。

女子の表現上の違い

正装・武装、冠帽・頭巾や鎌など、部分的な表現によって身分・階層や職掌を比較的識別しやすい男子に比べ、女子は姿態の多様性は認められるものの製作・表現上に顕著な差がみられない。男子と同様椅座は中心的人物であることを示しているのはわかるが、坏や坩などを捧げる女子などのように一古墳から同一姿態が複数個体出土する場合、すべてが同じ役割・身分・階層であったか否かを明確にするのは困難である。ただし女子の場合、髷・耳飾りや首飾り、意須比・帯などに表現上の差がみられる。したがって、男子の冠帽・頭巾に対し女子は髪形・装身具・装束などによって身分・地位・役割などの格差や違いを表現していた可能性が高い。

●髷

まず髷表現をみると、群馬県綿貫観音山古墳・塚廻り四号墳・諏訪下三号墳・富岡五号墳、栃木県鶏塚古墳、千葉県殿部田一号墳・大木台二号墳・高野山一号墳出土例のように、同一古墳内で明確な形態差を示す複数類型が共存している例が多い。また、方形括れ「く」字形（図15-1）の括れの強弱差を異なる類型とみれば、群馬県神保下條二号墳・千葉県小川台五号墳など類例はさらに増加する。

綿貫観音山古墳では正座女子と革袋を捧げる女子半身像（図16）が中空成形隅丸胴張方形括れ「U」字形であるのに対し、小形三人正座女子は板状成形平坦円形括れ「C」字形となっている。前者は大形に製作され、立体的な襟や華飾表現の装束などがみられる。同様な髷は群馬県伊勢崎市豊城町横塚出土の大形女子全身立像などにもみられることから、中心的人物に伴う髷表現であったと考えられる。

また、富岡五号墳出土例には板状成形平坦方形括れ「く」字

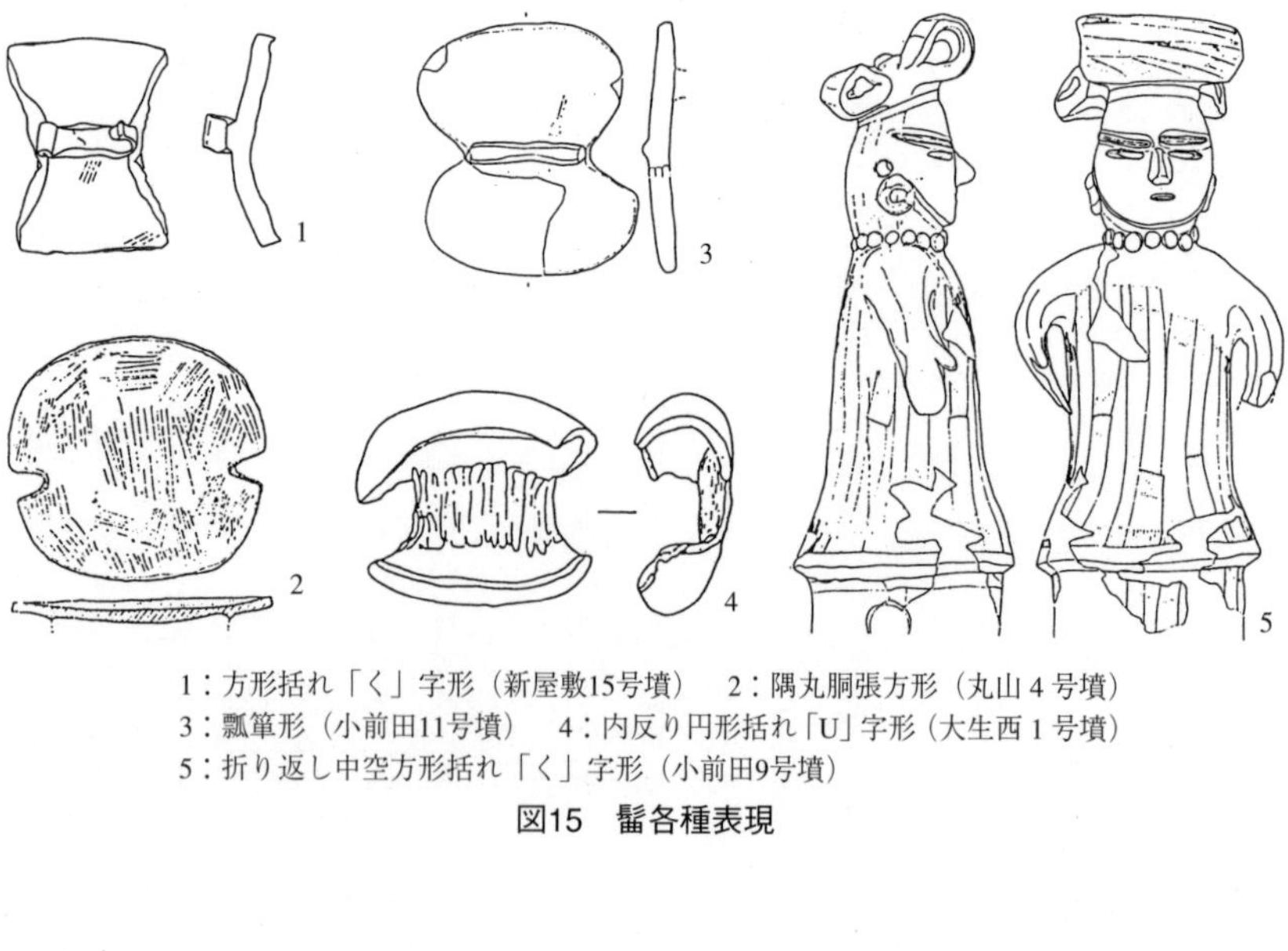

1：方形括れ「く」字形（新屋敷15号墳）　2：隅丸胴張方形（丸山４号墳）
3：瓢箪形（小前田11号墳）　4：内反り円形括れ「U」字形（大生西１号墳）
5：折り返し中空方形括れ「く」字形（小前田9号墳）

図15　髷各種表現

形・同括れ弧形に加え、成形方法の異なる折り返し中空成形方形括れ無しも共存している。女子の個体数が少ないなかで三種類もの髷形態が存在しているのは、各女子が果たす役割あるいは身分などの差を表すためではないかと思われる。これに関しては、富岡五号墳から立体的襟と紐無正円形粒連続密貼付＋紐無正円形粒連続密貼付となる二連複合型の首飾り表現のみられる女子の破片が出土している。綿貫観音山古墳出土例を参考にすれば、この女子の髷は折り返し中空成形方形括れ無しではなかったかと思われる。このように考えると、板成形と中空成形の髷は格差を表現しているものと思われる。一方、同一成形間での表現格差は明確ではないが、綿貫観音山古墳出土例のように正座全身像と半身像の二種類がみられることなどから、格差あるいは役割差が存在している可能性は高い。

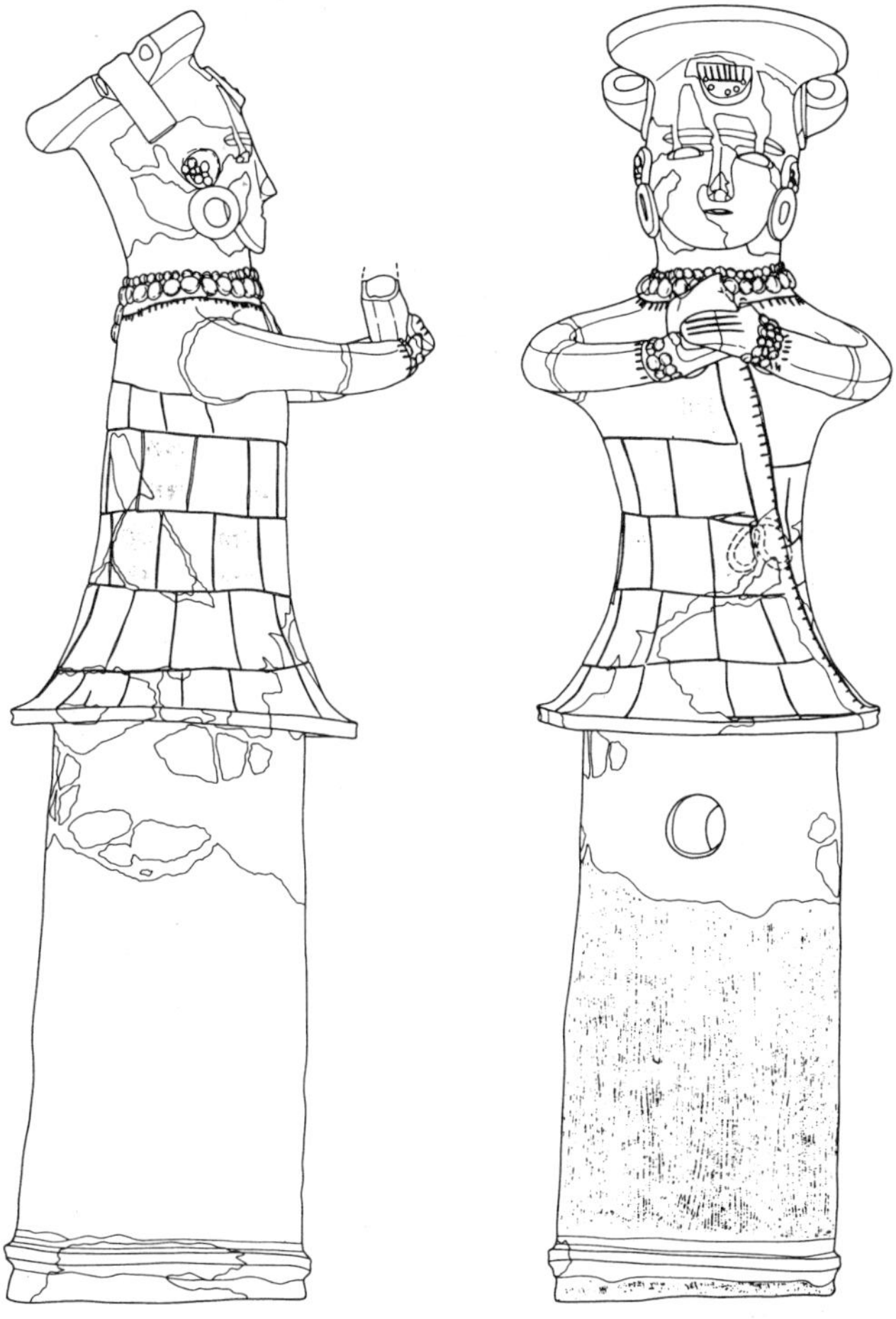

図16　綿貫観音山古墳出土の革袋を捧げる女子

これら共存する複数類

型は富岡五号墳・塚廻り四号墳・諏訪下三号墳出土例などのように方形を基本形とするものが多い。方形以外での共存例としては綿貫観音山古墳出土例のほか、千葉県経僧塚古墳出土例の板状成形平坦隅丸胴張方形括れ「V」字形と板状成形平坦円形括れ「V」字形、群馬県前橋市朝倉町内出土例(東京国立博物館蔵)の板状成形平坦隅丸胴張方形括れ「U」字形と板状成形平坦円形括れ「C」字形などがある。これらの共存関係をみると、隅丸胴張方形は円形と共存するが、方形は隅丸胴張方形・円形のいずれとも共存していないことがわかる。それぞれの盛行期間をみると、方形は富岡五号墳出土例など六世紀中葉以前であるのに対し、隅丸胴張方形・円形は綿貫観音山古墳出土例のように六世紀後葉以降となっている。したがって、方形と隅丸胴張方形・円形が共存しない原因は盛行期間の差によるものと思われる。また、中空成形髷は富岡五号墳出土例にみられることから、方形髷終末期となる六世紀中葉後半段階で格差表現の中空成形が出現したことになろう。とすれば、それ以前は平面形態あるいは元結・櫛などに格差表現がみられるのかもしれない。ただし、六世紀後葉段階で髷形態が方形から隅丸胴張方形・円形へと変化するのは群馬県を中心とする地域のみで、他地域では六世紀後葉以降も方形が継承される例も多い。

髷に付属して表現される元結についても、茨城県つくば市下横場塚原、千葉県小川台五号墳、群馬県赤堀町下触石山・神保下條二号墳・富岡五号墳・綿貫観音山古墳、埼玉県行田市二子山古墳、神奈川県登山一号墳出土例のように複数類型が共存してみられるものがある。ただし、細かい表現であることから遺存状態の良好な例は少なく、詳細を比較できる良好な資料がほとんどない。そのようななかで、前述した群馬県綿貫観音山古墳出土例では小形三人正座女子の板状成形平坦円形括れ「C」字形髷に帯密着貼付型元結が表現されているのに対し、精巧大形の正座女子・革袋を捧げる女子半身像の中空成形隅丸胴張方形括れ「U」字形髷には帯密着貼付両端下向き型元結が表現されている(図16)。元結が髷と一体で表現されることを考えると、このような表現の違いは髷でもみられたように、格差や役割の差を表している可能性が高い。単なる付属品のようにみえる元結にも地域・時期にかかわらず複雑なものから単純なものまでさまざまな形態がみられることから、それぞれの元結表現が髷と組み合わされ、格差や特定の役割を果たす女子を表しているのかもしれない。

●耳飾り

耳飾り表現をみると、群馬県佐波郡赤堀町下触石山(東京国立博物館蔵)・同町下触石山五五出土例には単純な環状紐オサエ貼付のみと、複合型の環状紐オサエ貼付＋小粒複数密集貼付の二種があり、さらに千葉県山武郡横芝町殿塚古墳出土例では環状紐オサエ貼付のみ・環状紐オサエ貼付＋小粒複数密集貼付のほか、環状紐ぶら下がり＋小粒複数密集貼付の三種類がみられる。赤堀町下触石山出土例では精巧な製作で腰に五鈴鏡を下げ、衣服に黒白の彩色がみられる女子に環状紐オサエ貼付＋小粒複数密集貼付が表現されているのに対し、環状紐オサエ貼付のみは簡素な製作で襷と交差形帯のみが伴う女子に表現されている。赤堀町下触石山五五出土例では大形の女子に環状紐オサエ貼付＋小粒複数密集貼付がみられ、環状紐オサエ貼付のみは小形で頭部に壺を載せる女子に表現されている。殿塚古墳出土例でも同様で、環状紐オサエ貼付＋小粒複数密集貼付は大形精巧品にみられ、環状紐オサエ貼付のみは小形品に伴う表現である。これらは群馬県内あるいは群馬県からの強い影響を受けて人物埴輪が製作された地域に顕著にみられるが、埼玉県内では単純型耳飾りと複合型耳飾りの共存例はまだ確認されていない。しかし、鴻巣市新屋敷一七号墳・同二一号墳・桶川市川田谷ひさご塚古墳・さいたま市井

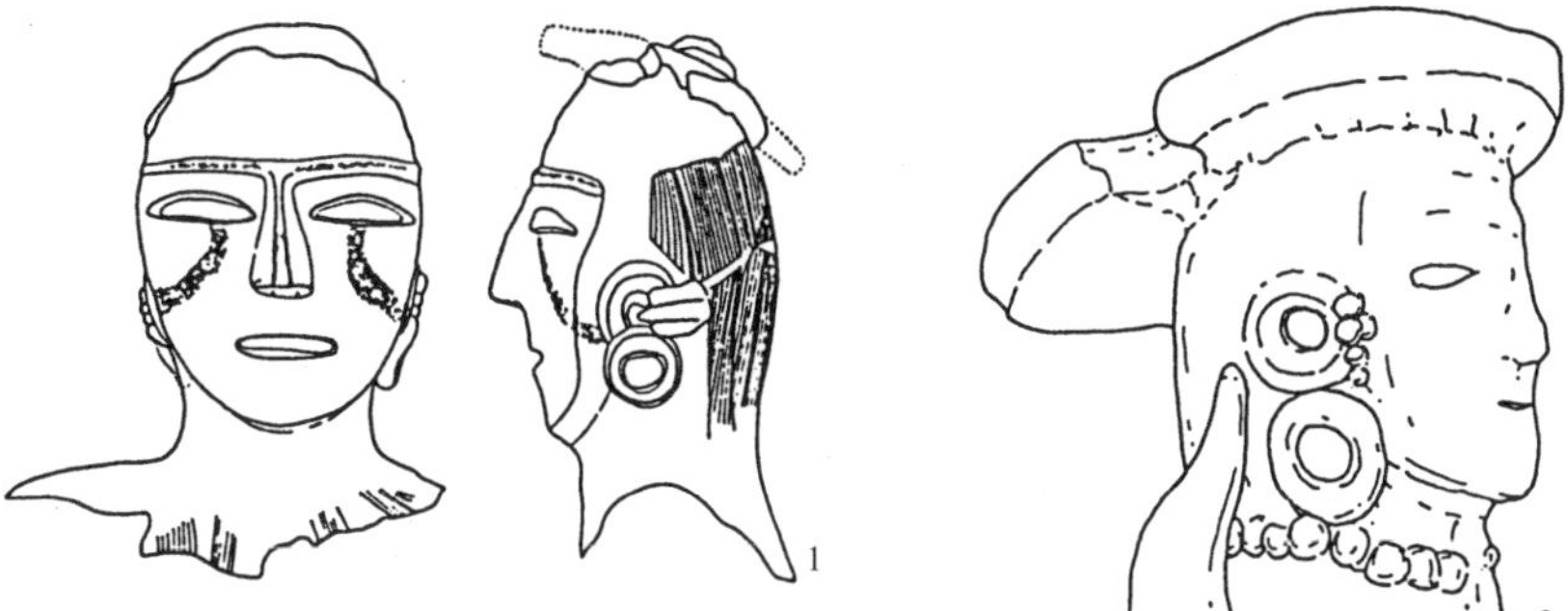

1：環状紐＋棒状紐横位複数段（桜山埴輪製作遺跡）
2：環状紐＋小粒複数（群馬県大泉町内）

図17　複合型耳飾り表現

刈古墳などでは環状紐オサエ貼付のみがみられるのに対し、桜山埴輪製作遺跡・瓦塚古墳・東松山市岩鼻五号墳・北本市中井一号墳などでは複合型の環状紐オサエ貼付＋棒状紐横位複数段オサエ貼付（図17-1）が認められることから、埼玉県内でも単純型と複合型の耳飾り表現を意図的に作りわけていた可能性が高い。また、単純型と複合型の共存ではなく、耳飾り無しと単純型耳飾りという共存例も群馬県多野郡吉井町神保下條二号墳出土例などにみられる。ここでは、外向き「C」字形紐垂直貼付表現の女子に帯表現がみられるとともに台円筒には上端に突帯を一条巡らしているが、耳飾り無しの女子には帯表現・台円筒における突帯ともに省略されている。

これらの差が階層や職掌の差を表す作りわけとは即断できないが、明確な製作・表現上の差が存在することを考えれば、意図的な格差表現と理解すべきであろう。したがって、同一古墳内の女子に複数類型が存在する場合、上記の類例からみて単純型より複合型が上位あるいは中心的役割を果たす女子と考えられる。さらに、神保下條二号墳出土例からみると耳飾り無しより耳飾り表現を有するほうがより上位ということになろう。とすれば、女子には最低三段階の格差が表現されていたことになる。ただし、現在までのところ耳飾り無し・単純型・複合型の三種が共存した例は確認されていない。もし、古墳の規模や墳形などによって樹立器種が決定されていたとすると、上位の古墳に樹立される女子は単純型・複合型で、下位の古墳には耳飾り無し・単純型が組み合わされた可能性も考えなければならない。あるいは、それぞれの類型が格差を示すためではなく、特定の役割を果たす女子に伴う表現であったとすると、必ずしもこれらの組合わせがみられるとは限らないことになろう。

●首飾り

首飾りにおける正円形・楕円形粒表現は男女両方にみられるが、勾玉形表現はいずれの組合わせにおいても確認できる資料はすべて女子である。したがって、勾玉形表現は女子に限られた表現であった可能性が高い。とすれば、勾玉形を配する首飾りには特定の意味があるものと思われるが、単純な円形粒連続貼付表現の女子とどのような違いが

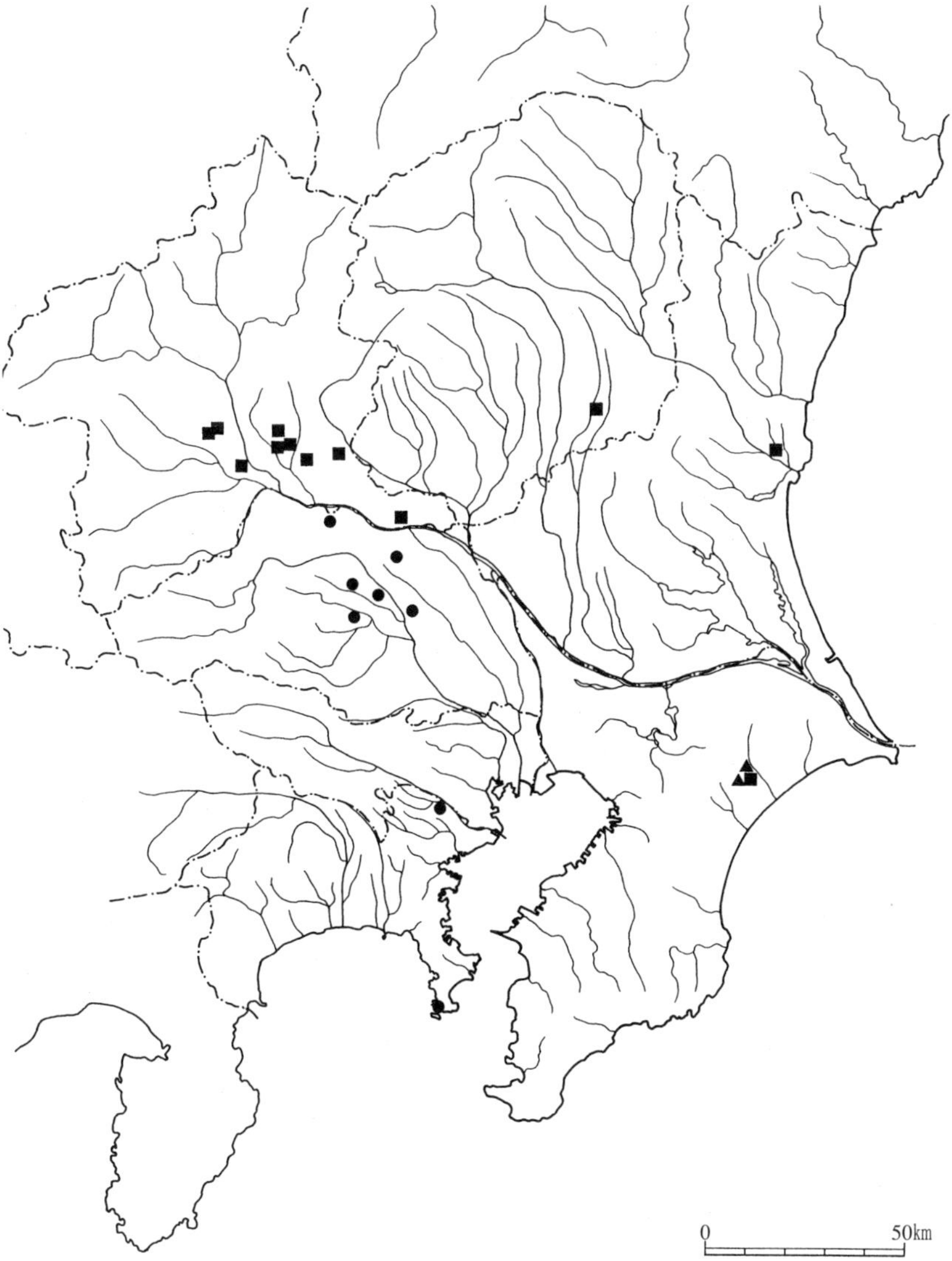

● 環状紐＋棒状紐横位複数段　○ 環状紐＋小粒複数　▲ 環状紐ぶら下がり＋小粒複数

図18　複合形耳飾り表現分布図

あるのかについては現状では不明である。

ところで、首飾りにも耳飾り同様千葉県山武郡成東町経僧塚古墳、群馬県塚廻り四号墳（図21）・赤堀町下触石山・富岡五号墳・綿貫観音山古墳、埼玉県深谷市上敷免出土例などのように複数類型が共存する例がみられる。経僧塚古墳出土例ではもっとも単純な紐無正円形粒連続密貼付表現が半身像に圧倒的に多いなかで、唯一組合わせ型となる紐無正円形小粒中位・勾玉形交互連続密貼付表現が正座女子にみられる。

二連の首飾りを配した二連複合型のなかでもっとも単純な紐無正円形粒連続密貼付＋紐無正円形粒連続密貼付表現（図19-1）は出土例ももっとも多く、分布も広範囲に及んでいる。初現は群馬県邑楽郡大泉町古海出土例(東京国立博物館蔵)で、六世紀前葉頃かと思われる。椅座女子として出現し、その後も女子にみられる。一方、正円形と楕円形・勾玉形などを組み合わせたさらに複雑な構成となる二連複合型は、いずれも類例がほとんどみられない特異な表現である。しかし、紐無正円形粒連続密貼付＋紐無正円形粒連続密貼付表現同様確認できる器種はすべて女子であり、さらに塚廻り三号墳出土例の紐無正円形粒連続密貼付＋紐無正円形小粒上端・勾玉形交互連続密貼付（図19-2）、保渡田八幡塚古墳出土例の断面楕円形紐

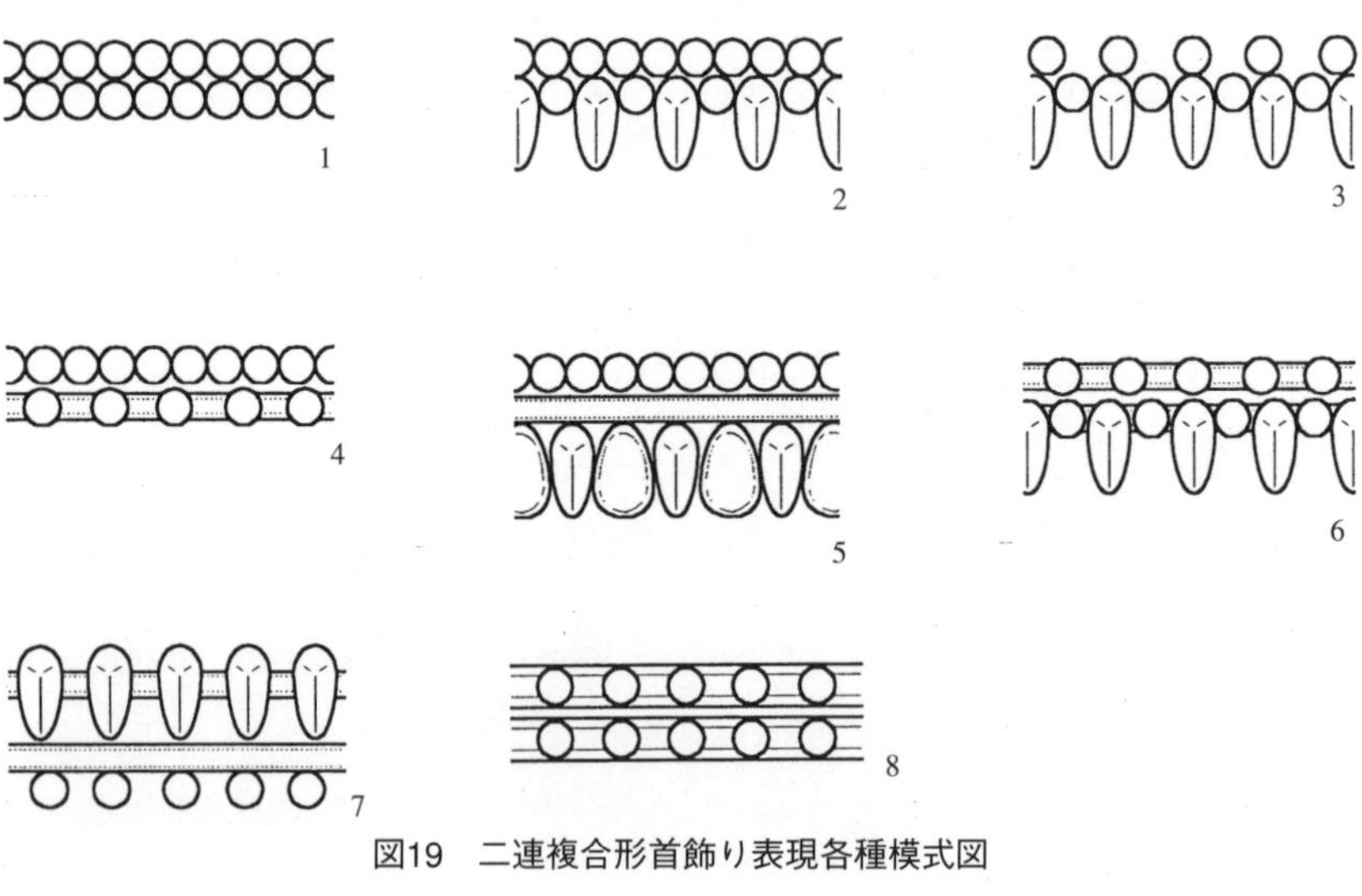

図19　二連複合形首飾り表現各種模式図

に勾玉形連続疎重ね貼付＋断面楕円形紐に正円形粒連続疎垂下貼付（図19-7）はいずれも椅座女子に伴う表現となっている。保渡田八幡塚古墳出土例（図25-3）が最古の一群であることから、五世紀代からすでに複雑な構成の首飾りが存在していたことになる。一方、単純な紐無正円形粒連続密貼付＋紐無正円形粒連続密貼付表現は類例が多いものの、出現時期はより複雑な構成の二連複合型より遅れ、綿貫観音山古墳出土例など六世紀後半代に盛行するようである。このようにみてくると、より複雑な組合わせとなる首飾りが上位の女子に表現されており、もっとも複雑な表現となる二連複合型は人物埴輪出現当初から椅座など、中心的役割を果たす特定の女子に限られて表現されていた可能性が高くなる。

しかしその一方では、綿貫観音山古墳出土例のように、装束や髷が精巧に製作されていることから中心的人物ではないかと思われる正座女子がもっとも単純な紐無正円形粒連続密貼付表現で、小形三人正座女子が断面楕円形紐に正円形粒連続密垂下貼付表現とするのに対し、革袋を捧げる女子半身像（図16）には単純な紐無正円形粒連続密貼付＋紐無正円形粒連続密貼付ではあるが、二連複合型が表現されている。ただし、革袋を捧げる女子半身像は正座女子と同等の装束・髷表現となっていることから、正座女子と並ぶ主要人物であったと考えられる。とすれば、これら首飾り表現の違いは身分・階層などの格差ではなく、役割の差であったのかもしれない。だが、塚廻り四号墳出土例などをみると、より複雑な首飾り表現を伴う女子の方が相対的に小形で粗製に製作されている。同様な例は群馬県内ばかりでなく埼玉県内にもみられることから、一様には解釈できない。

●襷・意須比

髷や装身具などにみられた違いは、襷・意須比にも存在する。ただし、表現上の違いではなく、意須比・襷の有無として表されている。畿内の女子を規範として製作されている東海地方以西では襷や意須比を立体的に表現するのが原則であるが、関東地方ではいずれもが立体的ばかりでなく線刻ですらも表現されない女子が圧倒的に多い。分布も関東地方全域に及んでおり、群馬県渋川市坂下古墳群（図25-2）・埼玉県埼玉稲荷山古墳出土例（図25-1）にみられるように五世紀代からすでに出現している。立体的な襷・意須比表現のいずれもがほとんどみられない埼玉県ばかりでなく、茨城県玉里舟塚古墳・ひたちなか市鉾の宮一号墳・東茨城郡内原町杉崎八八号墳・真壁郡真壁町松木内(東京大学蔵)、千葉県正福寺一号墳・香取郡神埼町舟塚原古墳出土例のように帯あるいは突帯による立体的襷表現が盛行した茨城県・千葉県北部、そして保渡田八幡塚古墳・剛志天神山古墳・大泉町古海・塚廻り三号墳・富岡五号・上芝古墳・藤岡市付近出土例(東京国立博物館旧蔵)のように、立体的襷・意須比表現の中心地であった群馬県においてもいずれもが表現されない女子は多い。これについては千葉県山武郡芝山町山田宝馬一二七号墳、栃木県鶏塚古墳、群馬県赤堀町下触石山、埼玉県深谷市上敷免・小前田九号墳出土例などにみられるように、立体的襷のみあるいは立体的意須比のみが表現された女子との共存が関係しているものと思われる。すなわち、立体的襷・意須比の有無は、地位や役割などの差に対応している可能性が高い。例えば、群馬県塚廻り三号墳（図20-4）・埼玉県東松山市三千塚古墳群出土例（図20-3）では立体的意須比表現の女子は椅座していることから、立体的意須比が表現された女子は中心的役割を果たす人物であったと考えられる。このように、立体的襷・意須比表現が地位や役割を表現していたとすると、いずれもがほとんどみられない埼玉県内では、襷・意須比による格差表現は重要視されなかったことになろう。

ところで、それぞれの立体的表現の盛行時期をみると、襷・意須比の両者を表現するのは保渡田八幡塚古墳・剛志天神山古墳・大泉町古海出土例のみで、六世紀初頭以前の群馬県内に限られている。また、立体的意須比表現のみは群馬県塚廻り三号墳・同四号・上芝古墳・藤岡市付近、埼玉県三千塚古墳群・深谷市上敷免、千葉県我孫子市子の神八号墳、栃木県鶏塚古墳、神奈川県鎌倉市釆女塚古墳（図20-1）など、一部地域に六世紀後葉前半までみられるものの、ほとんどが六世紀中葉頃ですがたを消している。これに対し、立体的襷表現のみは、栃木県小山市桑五四号墳、茨城県鹿島郡鉾田町不二内古墳、千葉県山田宝馬一二七号墳・城山一号墳・富津市更和塚田古墳、群馬県富岡五号墳、埼玉県小前田九号墳・児玉郡神川町諏訪ノ木古墳など、ほぼ六世紀代を通して関東各地にみられる。盛行期間に差があることを考えると、人物埴輪出現当初立体的襷・意須比は東海地方以西のように共存して表現されていたが、六世紀初頭～前葉頃になるといずれかに限定されるようになり、その際、塚廻り三号墳・三千塚古墳群出土例のように意

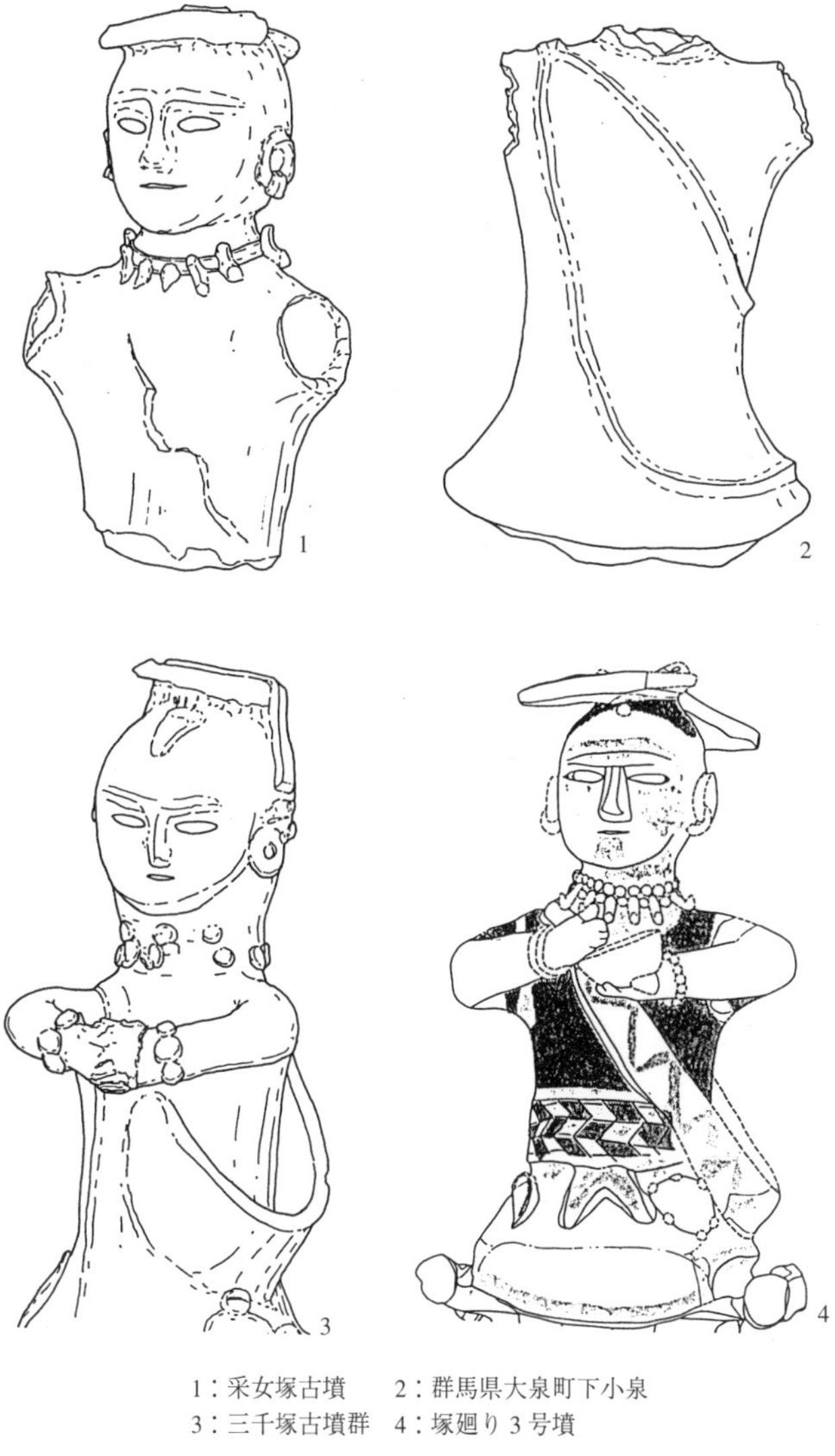

1：釆女塚古墳　　2：群馬県大泉町下小泉
3：三千塚古墳群　4：塚廻り 3 号墳

図20　立体的襷・意須比表現

須比はより上位の女子に表現されるようになったのではないかと考えられる。しかし、六世紀中葉後半頃になるとその立体的意須比表現も姿を消し、立体的表現は襷のみとなったと思われる。このように考えると、時間の経過とともに表現は省略化されていくが、立体的表現のない女子より立体的襷を表現する女子が上位で、立体的意須比を表現する女子がさらに上位であった可能性が高くなろう。ただし、六世紀後葉頃と考えられる綿貫観音山古墳出土例には立体的襷表現もみられない。群馬県内の立体的襷表現例をみると、富岡五号墳出土例など六世紀中葉頃に終焉を迎えるものと考えられることから、群馬県内では他地域にさきがけて六世紀中葉後半～後葉前半の時期に立体的襷・意須比表現が消滅したと考えられる。また、この時期大形で精巧に製作された人物埴輪が出現するなど人物埴輪製作上でも大きな変化がみられることから、関東地方では意須比を表現しない新たな女子の装束表現が出現したのかもしれない。あるいは、モデルとなった古墳時代の意須比と解釈している装束そのものが姿を消した可能性も考えられよう。

●帯

次に、正装男子には一般的に伴うものの、一部の女子にも表現される帯についてみると、茨城県不二内古墳・下館市女方三号墳、千葉県大木台二号墳・山田宝馬一二七号墳、栃木県飯塚三一号墳、群馬県塚廻り四号墳・下諏訪三号墳・上芝古墳、埼玉県稲荷山古墳・瓦塚古墳・新屋敷一五号墳、神奈川県蓼原古墳など六世紀前半代を中心に人物埴輪出現当初から終焉までみられる。

結び目から垂下される帯の表現には時期や地域によって差がみられる。しかし、帯本体については一条・多条あるいは紐・突帯・幅広帯などの違いはあるが、基本的形態としては水平型と交差型の二種に大別される。水平型が大半を占めるが、相対的に類例の少ない交差型も群馬県塚廻り三号墳、茨城県舟塚一号墳、千葉県流山市東深井古墳群・姫塚古墳、栃木県亀山大塚古墳、群馬県伊勢崎市波志江町内、埼玉県白山一七号墳、東京都狛江市亀塚古墳(図44-2)、神奈川県三浦市向ヶ崎古墳・采女塚古墳出土例などのように五世紀末葉頃から人物埴輪の終焉まで時期・地域ともに

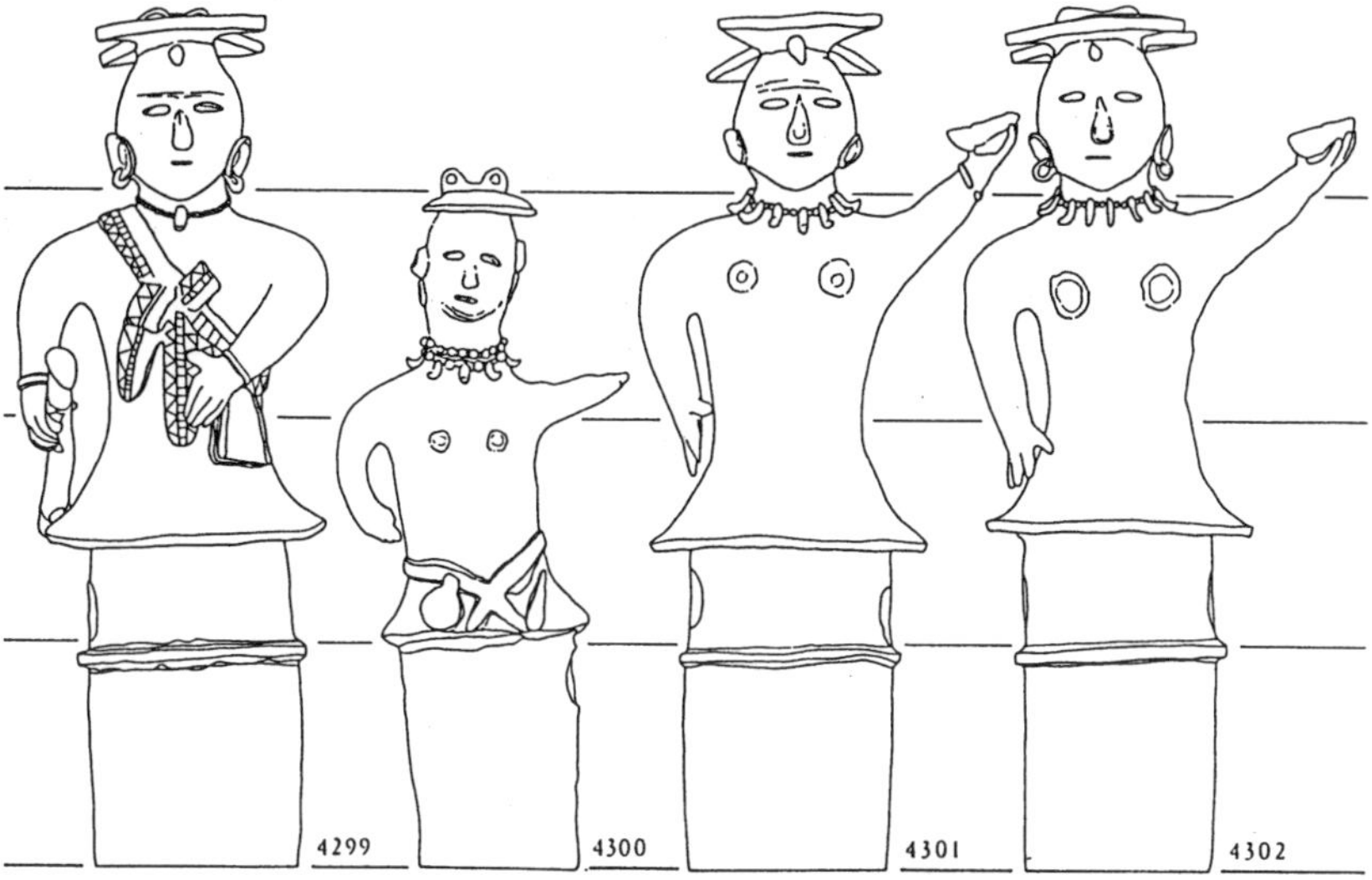

図21　塚廻り4号墳出土の女子埴輪

広範囲に認められることから、特定の人物に伴う表現であった可能性が高い。正装男子や武装男子に圧倒的に多くみられるが、赤堀町下触石山・塚廻り四号墳・下諏訪三号墳・上芝古墳出土例では女子にもみられることから、性別差ではないようである。ただし、これらの古墳はいずれも群馬県内に位置し、六世紀前葉～中葉頃の築造と考えられることから、女子への交差型帯表現は地域的にも時期的にも限定されるのかもしれない。

ところで、塚廻り四号墳・諏訪下三号墳出土例では同じ女子のなかに一体だけ交差型を表現するものがみられる。塚廻り四号墳出土例（図21）では他の女子半身像に帯表現はなく、耳飾りは内向き「C」字形紐垂直貼付、首飾りは単連の紐無正円形粒＋勾玉形、台円筒は中央やや上に突帯一条貼付＋突帯上両側一対円形透孔と統一されているのに対し、交差型帯を表現する女子は耳飾りが環状紐オサエ貼付、首飾りが断面楕円形紐に円形粒・勾玉形を重ね貼付する二連複合型、台円筒が突帯無上端両側一対円形透孔と異なり、さらにこの一体だけが小形で粗雑な整形となっている。諏訪下三号墳出土例でも台円筒の形態・透孔の配置が異なっており、やはり交差型の女子のみが粗雑に整形されている。

神奈川県蓼原古墳出土例でも上半身が遺存していないことから男女の区別はつかないが、交差型と思われる帯表現を伴う人物が、あきらかに他と比べると小形で粗雑に製作されている。蓼原古墳出土の人物埴輪は、その製作技法・表現方法などの特徴から群馬県東部の埴輪工人が製作に深く関与していた可能性が高いことから、この小形・粗雑整形の人物も女子であろうと思われる。このように、複数の古墳で同様な意図的作りわけが行われていることから、少なくとも群馬県内では交差型帯を伴う女子は特定の地位や役割を果たす人物として表現されたものと思われる。ただし、塚廻り四号墳出土例では粗雑に製作される一方で唯一複雑な二連複合型首飾りが表現されており、上芝古墳出土例では比較的大形でかつ丁寧な製作・調整がなされ多量の赤彩による華飾な装束も表現されていることから、一様には解釈できない点もある。

以上のようにみてくると、塚廻り四号墳出土の女子群のような例もあるが、総体的には小形より大形、半身像より全身像、単純で簡素・粗雑より複雑で精巧な冠帽・髷・装身具・装束などが上位あるいは中心的役割を果たす人物の表現であったと考えられる。このような顕著な作りわけがみられる人物埴輪群は、その分布が群馬県内に中心をおくとはいえ広汎にみられることから、そこには明確な格差あるいは役割の違いを表すための一定の表現上のルールが広く関東地方全域に浸透していたとみるべきである。このように考えると、基本的な整形・表現は同じでありながら、細部に違いをみせる同一器種の場合も地位や役割が異なっていた可能性が高い。これらの違いをさらに明らかにするためには、同一古墳内での比較を中心に、細部の姿態差や人物埴輪群内での樹立位置などを詳細に検討してゆく必要があろう。

ただし、古墳間格差でも述べたように、被葬者の地位・身分・性格などによって樹立器種が決定されていたとすると、器種組成ばかりでなく同一器種内でも樹立される人物埴輪に格差が存在したと考えられる。すなわち、上位の大形墳では大形・精巧な人物群を中心として中・小形の人物群が加えられることからさまざまな身分・地位格差や役割差を表現できるが、下位の中・小形墳では中・小形の人物のみで構成されることから、細部の表現や製作方法などの違いによってのみ格差・役割差を表現しているものと思われる。このように考えると、大形墳にはより具体的な場面表現がみられることになり、一方中・小形墳では限定的な器種構成による象徴的場面表現がみられることになろう。このことは、選定される器種が古墳の被葬者にあわせ定められていたと考えた場合、中・小形墳では限定的器種であるからこそ、その選定器種に被葬者の地位・身分・職掌・性格などが表されている可能性を示している。

第二章　人物埴輪の出現とその背景

第一節　人物埴輪出現以前の様相

吉備系と大和系の特殊器台型祭祀

埴輪は、岡山県内を中心として弥生時代に出現した特殊壺・特殊器台を祖形としている。本稿では、これらを用いた墳墓祭祀を「特殊器台型祭祀」と呼び、後の埴輪を用いた「埴輪型祭祀」と区別することとする。

弥生時代の特殊壺・特殊器台は墳丘裾あるいは墓域の一隅に集中的に樹立される例が多い。これに対し、古墳時代の特殊壺・特殊器台は初現期となる奈良県桜井市箸墓古墳では後円部墳頂に集中し、続く奈良県天理市西殿塚古墳では後円部墳頂の埋葬施設直上に設けられた方形壇を囲繞するように配置されていたと考えられていることから、古墳時代の特殊壺・特殊器台は埋葬施設を中心とした特定の空間を区画するための列形配置となっていたと考えられる。これは、弥生時代の「特殊器台型祭祀」が古墳時代に入り変化したことを示している。初現期の一群が奈良盆地南東部に多くみられることから、初期大和政権の中心地で、古墳時代の成立とほぼ同時に集中樹立から列形配置へと変化したものと思われる。このようにみると、弥生時代の集中樹立形を「吉備系特殊器台型祭祀」、古墳時代の列形配置を「大和系特殊器台型祭祀」と呼ぶことができよう。その方向は、空間の区画という新たな目的が付加されたことによる形式化・形骸化であり、この列形配置の出現が、後の円筒埴輪列を創出する契機となったのであろう。この考えにしたがえば、列形配置とされる岡山県岡山市都月一号墳は「大和系特殊器台型祭祀」であり、奈良盆地南東部から逆輸入されたことになろう。このことについては、前段階とされる宮山型特殊器台と都月型特殊器台との間に器形・文様構成のいずれにも直接的な型式学的連続性が認められないことや、箸墓古墳では両者が共存することなどから、宮山型が大和政権成立時に大和に伝播し、同時にその影響を受けて都月型が出現したのではないかと思われる。すなわち、都月型は箸墓古墳築造に伴って大和で創出された特殊器台であった可能性が高い。とすれば、宮山型までが「吉備型特殊器台」であり、都月型は「大和型特殊器台」ということになる。

「大和系特殊器台型祭祀」は「吉備系特殊器台型祭祀」の系譜を引き、器種組成は特殊壺・特殊器台のみで、この段階では形象埴輪は出現していない。「吉備系特殊器台型祭祀」では岡山県女男岩遺跡の台付家形土器や楯築墳丘墓出土人形土製品のように形象埴輪の祖形を思わせるものも存在するが、いずれも普遍的なものではないことから、「吉備系特殊器台型祭祀」は特殊壺・特殊器台を含めた土器のみによる墳墓祭祀が原則であったと考えられる。したがって、この系譜を引く「大和系特殊器台型祭祀」にも形象埴輪は加わらなかったものと考えられる。また、胴部に突帯を付さない有段口縁壺のみが方形壇を囲繞していた奈良県桜井市茶臼山古墳例は、「大和系特殊器台型祭祀」の影響を受けて出現した「大和系壺形埴輪祭祀」と考えられる。

「大和系特殊器台型祭祀」は埋葬施設を祭祀の対象としていたと考えられ、埋葬施設上に方形壇を築き、これを不可侵の特別な空間として区画するために特殊器台を囲繞するように配置している。いわゆる墳頂部方形列の出現である。樹立状況などからみて墳頂部方形列は本来、埋葬施設上の方形壇と墳頂平坦面とを区画するために樹立されていたものであり、後出ではあるが京都府向日市寺戸大塚古墳例にみられるような初期の方形埴輪列外側での土器祭祀の存在がこの可能性を示している。したがって、「大和系特殊器台型祭祀」の主たる対象は墳頂部中央の埋葬施設であり、墳丘全体を対象にすることはなかったと考えられる。

特殊円筒埴輪の出現と展開

西殿塚古墳の段階になると「大和型特殊器台」による墳頂部方形列は継承されるものの、「大和型特殊器台」を形態的祖形とする「特殊円筒埴輪」が出現する。両者の違いは、「大和型特殊器台」は祭祀の主たる対象である埋葬施設を囲繞するものであり、「特殊円筒埴輪」はその付帯施設である墳丘を単純に囲繞するものである。その後も「大和型特殊器台」による墳頂部方形列は継承されるが、「特殊円筒埴輪」によって外界と墳丘とが隔離されるようになると、奈良県天理市東殿塚古墳例のように、埴輪列外側での墳丘に対する祭祀が本格的に開始される。その後墳丘囲繞の「特殊円筒埴輪」はその性格や大量樹立に対応するように形態は急速な単純化の方向をたどり、普通円筒埴輪・朝顔形円筒埴輪へと定形化してゆく。このような変化のなかで墳頂部方形列の「大和型特殊器台」も「特殊円筒埴輪」へと変化する。しかし、形態的に埴輪化はするものの、その性格はいぜんとして「大和型特殊器台」の系譜を引いており、この意識は奈良県桜井市メスリ山古墳の段階までは継続していたものと考えられる。

メスリ山古墳では埴輪化が進行しているものの、墳丘囲繞は円筒埴輪、墳頂部方形埴輪列は「特殊円筒埴輪」が主体と、意識的な使い分けがいぜんとして継承されている。また、メスリ山古墳では大形高坏はみられるが、家などの形象埴輪はみられない。高坏に関しては、その後に登場してくる岡山県岡山市金蔵山古墳・同県久米郡柵原村月の輪古墳・群馬県佐波郡赤堀町茶臼山古墳出土例などがいずれも一個体で、他の器財埴輪と混在して出土しているのと大きな違いをみせる。これらの出土例は、メスリ山古墳で登場した高坏が器財埴輪化したことを示しており、メスリ山古墳の段階では特殊壺と同じ葬送祭祀用の特殊高坏として意識されていたことをものがたるものと考えられる。その背景には、特殊壺が吉備からの移入品であり、大和では高坏が葬送祭祀の中心器種であったのかもしれない。このように考えると、メスリ山古墳の高坏群は特殊壺と同意の器種であり、器財埴輪ではないことになろう。とすれば、「大和系特殊器台型祭祀」には最後まで形象埴輪は伴わなかったことになる。また、メスリ山古墳以降、特殊器台からの形態的系譜を引くと考えられる「特殊円筒埴輪」の大量樹立はみられなくなることから、「大和系特殊器台型祭祀」は四世紀中葉頃のメスリ山古墳をもって終焉をむかえ、その後はすべて円筒埴輪が中心となる「埴輪型祭祀」へと変化するものと考えられる。ただし、「特殊円筒埴輪」など円筒埴輪の出現そのものは西殿塚古墳までさかのぼることから、「埴輪型祭祀」への変化の胎動は、古墳への「特殊器台型祭祀」導入後間もなく始まったことになる。

埴輪型祭祀と形象埴輪

メスリ山古墳とほぼ同じ四世紀中葉頃の築造と考えられている京都府相楽郡山城町平尾城山古墳では、墳丘を囲繞する円筒埴輪列とともに後円部墳頂からは家形・蓋形・鶏形・不明形象埴輪が出土している。メスリ山古墳のような「特殊円筒埴輪」の大量樹立はみられないことから、「埴輪型祭祀」と考えられる。平尾城山古墳が初現期の「埴輪型祭祀」であるとすれば、四世紀中葉頃に「大和系特殊器台型祭祀」から「埴輪型祭祀」へと変化し、「埴輪型祭祀」の出現に伴って形象埴輪も登場したことになる。このように考えると、家形や鶏形も古墳出現当初から埴輪として存在するのではなく、蓋形などとともに四世紀中葉頃に新たに出現した器種ということになろう。ただし、メスリ山古墳は類例を持たない特異な終末期の「大和系特殊器台型祭祀」であることから、形象埴輪を伴う「埴輪型祭祀」そのものの出現はメスリ山古墳以前となる可能性も考えられる。その場合は終末期の「大和系特殊器台型祭祀」と新出の「埴輪型祭祀」という二系統の祭祀が一定期間並存していたことになろう。

「大和系特殊器台型祭祀」にみられた墳頂部方形列は、「埴輪型祭祀」にもみられる。そのなかでも古式に位置づけられる奈良県奈良市佐紀陵山古墳、京都府与謝郡加悦町蛭子山古墳、三重県上野市石山古墳などではいずれも方形埴輪列の外側は円筒埴輪が主体で、内側に形象埴輪が配置されている。これは、メスリ山古墳の配列状況に類似しており、「埴輪型祭祀」の墳頂部方形埴輪列が「大和系特殊器台型祭祀」を祖形にしていたことを示すものである。ただし、両者において決定的に異なるのは、「大和系特殊器台型祭祀」には壺・高坏といった供献用容器のみが用いられているのに対し、「埴輪型祭祀」では家・蓋・盾・靫といった非容器形器種が主体的に配置されていることである。この違いは、古墳祭祀における意識の大きな変化を意味している。すなわち、「大和系特殊器台型祭祀」では祭祀の対象を墳頂部の埋葬施設に限定するのに対し、「埴輪型祭祀」では古墳全体を祭祀の対象とし、墳頂部埋葬施設上はその一部と考えるようになったためであろう。「埴輪型祭祀」で墳丘囲繞の円筒埴輪列内に形象埴輪である蓋形・盾形埴輪が混在したり、造出部に家形埴輪など多量の形象埴輪が集中配置される例は、古墳全体が祭祀の対象となったことを意味している。さらに、墳頂部方形壇が「大和系特殊器台型祭祀」の段階では主に礫積みで高く構築されていたのに対し、「埴輪型祭祀」の段階になると土壇に変化し高さも急速に減じてくるなどの現象は、墳頂部埋葬施設上の埴輪祭祀が形骸化したことを物語ると同時に、埴輪祭祀全体のなかで重要性が相対的に低下していったことを示している。ただし、墳頂部方形埴輪列をみてもわかるように、形象埴輪がもっとも多く樹立されているのは埋葬施設上であることから、少なくとも墳頂部方形埴輪列が継続してみられる間は墳頂部が埴輪祭祀の中心であったと考えられる。

出現期の形象埴輪をみると、鶏形・蓋形・家形などがあるが、鶏形埴輪は再生などを含めた死生観、蓋形埴輪は首長の権威、家形は生前あるいは死後の邸宅を表現したものと一般的には解釈されている。したがって、初期形象埴輪群は、首長の権威や死生観を象徴的に表現した器種に限定されていたものと考えられる。そのため、樹立位置も埋葬施設上にほぼ限られるのであろう。その後新たに加わる形象埴輪をみると、ついたて形や水鳥などは前代からの意識を継承した器種と考えられるが、短甲形・盾形・靫形・鞆形などは明らかに首長の武力を中心とした権力を誇示するための器種である。これらを副葬品の変遷過程と比較すると、形象埴輪の出現時期は定形化した碧玉製腕飾類の出現時期とほぼ一致し、後出の形象埴輪群の出現時期は碧玉製腕飾類の終末段階とほぼ一致する。これは、古墳時代前期において、首長の司祭者的性格が形骸化し始めた段階で「特殊器台型祭祀」から「埴輪型祭祀」に変化し、それに伴って形象埴輪も新たに加えられるようになり、さらに首長が司祭者的性格から脱却し武力を備えた実質的権力者へと移行してゆく段階で、武器・武具などの器財埴輪が加えられたものと考えられる。このように考えると、権力誇示のために加えられた後出の器財埴輪群は対外的で、初現期の形象埴輪群に比べより装飾性が強いということになろう。また、出現当初から存在する蓋形や家形も後出の形象埴輪の影響を受け、装飾性を増した対外的配置がみられるようになる。蓋形埴輪の墳丘囲繞列中配置や、家形埴輪の造出への集中配置などはまさに権力を誇示したものであろう。その後形象埴輪の対外的装飾化傾向はさらに高まり、最終的には墳頂部方形埴輪列がすべて形象埴輪によって構成される大阪府南河内郡美原町黒姫山古墳例などに至る。

形象埴輪による墳頂部方形埴輪列が最盛期を迎えた頃、人物・動物埴輪群が出現してくる。この段階では墳丘そのものが埴輪祭祀の対象となっており、さらに新出の人物・動物埴輪群は家・器財など、それまでの形象埴輪群とは出現の背景を異にしていたため、墳丘内には樹立されなかったものと思われる。人物・動物埴輪群が出現する五世紀前葉～中葉にかけては、日本の古墳時代中最大の墳丘規模を誇る大阪府大山古墳・羽曳野市誉田御廟山古墳などが築造されるとともに、副葬品には多量の武器・武具に混じり舶載の馬具・金銅製装身具類などが登場してくる。これは、国内での政治的安定を基盤として、外国との交渉が盛んに行われるようになったことが背景にあると思われる。このように考えると、人物形・動物形埴輪群の出現は国内の政治的安定と対外交渉とが深く関わっていた可能性が高い。

第二節　人物埴輪の出現とその背景

人物埴輪にはさまざまな器種がみられるが、女子・男子全身立像の初現は五世紀中葉と考えられている大阪府大山古墳である。これに対し、盾持人は五世紀前葉頃の福岡県福岡市拝塚古墳にみられる。また、ほぼ同時期と考えられる大阪府羽曳野市墓山古墳の外堤から出土した顔の破片も大形であり、かつ顔輪郭がその後の畿内の盾持人に多くみられる逆三角形を呈することから、盾持人であると考えられる。したがって、盾持人は五世紀前葉頃に出現したことになる。人物埴輪でこの時期までさかのぼる盾持人以外の器種は現在までのところ確認されていないことから、盾持人が他器種にさきがけてもっとも早く出現した人物埴輪ということになろう。また、初現期の例が九州にもみられることは、九州で出現しその後畿内へ伝播した可能性も否定できないが、その後の埴輪祭祀では守護的役割を果たす主要器種のひとつと考えられることから、畿内中枢部で最初に出現したと考えるべきであろう。

盾持人の特徴についてみると、まず単独樹立があげられる。墳丘裾や外堤などに単独で樹立される例が多い。また、他の人物埴輪群と共存する場合でも混在することはなく、他の人物埴輪群の周縁部に配置されている。単独樹立と共存樹立というふたつの樹立形態は墳丘規模や時期に関係なくみられることから、異なる性格を持った盾持人が二種類存在していた可能性も考えられる。その場合、単独樹立はその樹立位置から、墳丘そのものを守護する役割を果たし、共存樹立は他の人物埴輪群を守護していたとも考えられよう。

成形・表現上の特徴としては、全体的に大形ではあるが、とくに頭部が相対的に大きく製作されている。被り物は笄帽形頭巾が多いものの、きわめて特異な形状の被り物もみられる。目・口・耳は大きく誇張されたものがみられ、耳には筒状あるいは板状突出となる表現もある。また、顎には扁平で突出したものや、髭状の線刻がみられるものもある。手は基本的に表現されないが、例外的に右手のみがみられる例が存在するほか、関東地方では戟を盾の前面右上から左下に向けて貼付表現したものもある。

盾持人＝方相氏説

以上のように、盾持人は他器種と樹立位置ばかりでなく、成形・表現においても大きな違いをみせる。これらは、盾持人が果たす役割に起因するものと考えられ、出現の背景については前代の盾形埴輪が祖形であったとする考えがある。しかし、なぜ人物化され突如出現したのかについては不明な点が多い。このようななかで、塩谷修は盾持人が方相氏ではないかと指摘している。

塩谷によれば、『周礼』夏官 方相氏に「方相氏。掌蒙熊皮、黄金四目、玄衣朱裳、執戈揚盾、師百隷、而時難、以索室歐疫。大喪先柩。及墓入壙、以戈撃四隅、歐方良」とあり、方相氏は儺における鬼やらいとともに、大喪の際に柩を先導し、墓壙に入って戈で四隅を撃ち、方良すなわち魑魅魍魎を歐く役割を果たしていたとされる。『後漢書』礼儀志 大喪にも同様の記事があり、日本でも『内裏式』巻中、十二月大儺式に「方相一人。取大舎人長大者。為之。着仮面黄金四目。玄衣朱裳。右執戈。左執楯。（中略）方相先作儺声。即以戈撃楯。如此三遍。（後略）」の記事があり、日本では方相と呼ばれ、大舎人のなかの大柄な者が扮し、黄金四目の仮面を着け、黒い衣に朱い裳を身にまとい、右手に戈、左手に楯を執り、儺の先頭に立って邪鬼を駆逐していたとされる。この方相氏の姿こそが盾持人とされる埴輪であり、単独で樹立されているものは被葬者を疫鬼から守護する役割を果たしていたと指摘している。さらに、中国の漢代から南北朝期にかけての墓室壁画や画像石にみられる、背景に雲気が立ち込め仙人や羽人と共存する方相氏は、仙界での被葬者を守護する役割を表現したものであり、形象埴輪群の一隅に樹立される盾持人がまさにこれを表現していると解釈している。

この解釈にしたがえば、大きな頭部、大きく穿たれた目や口、筒状・板状の耳は仮面を表現していることになる。確かに、初期の盾持人である群馬県保渡田八幡塚古墳出土例などをみると（図22）、大きな板状の表現は耳とするには問題があり仮面の輪郭である可能性が高い。さらに、扁平で突き出す顎や楕円形で大きな目、上唇が突き出た口も同様である。このようなことを考えあわせると、異様な表現、他の人物埴輪群とは異なる樹立形態など盾持人が方相氏である可能性がきわめて高いことを示している。仮面であるとすれば、板状の耳朶表現としたものは着ける仮面の輪郭であり、筒状または「C」字形の粘土板を立体的に貼付する耳朶表現と解釈しているものは、あるいはフルフェース形に被る仮面を表現しているのかもしれない。ただし、「C」字形の粘土板を立体的に貼付する耳朶表現は茨城県那珂郡東海村白方五号墳出土例（図27-4）など六世紀中葉以降に出現することなどから、本来は板状・筒状の二種のみであった可能性も考えられる。

大陸からの影響

以上のように盾持人が方相氏を表現したものであるとすると、形象埴輪における盾持人の出現には大陸からの影響があったことになる。

図22　保渡田八幡塚古墳出土盾持人

五世紀代の日本列島で出土する金・銀製装身具、馬具、陶質土器など多くの舶載品のほか、金銅や須恵器などの新たな製作技術は百済・伽耶など朝鮮半島からもたらされたものと考えられている。このことは、五世紀代における日本と朝鮮半島、とくに半島南部との密接な関係をうかがわせている。

その一方で、曹魏以降途絶えていた中国との直接交渉も、五世紀初頭後半の東晋末期から再開され、とくに「宋書」などにみられるように五世紀前葉～後葉には度重なる劉宋との交渉が記録されている。したがって、これらの交渉によって中国からは舶載品の伝来のほか、制度・風習などの影響も受けたと考えられる。とくに、人物埴輪の出現時期となる五世紀前葉〜中葉頃にかけては五〜一〇年間隔で交渉がもたれ、讃・珍(弥)・濟・興の各倭王が安東将軍倭国王等に叙せられるなど中国の冊封を受けている。このような交流のなかで、中国の陶俑の影響を受け、従来の器財中心であった形象埴輪群のなかに新たに人物埴輪群が出現したのかもしれない。

ただし、五世紀中葉〜六世紀前葉頃の中国では北朝の北魏で中華人民共和国陝西省西安草廠坡古墓・山西省大同司馬金龍墓出土例のように盛んに多種・多量の陶俑が製作・副葬されていることは確認されているが、日本が頻繁に交渉を行っていた南朝の劉宋では盛行していなかったようである。また、百済・高句麗は南・北両朝と交渉をもっており、とくに高句麗においては北朝との密接な交渉が記録されているのに対し、当時の日本が北魏と直接交渉を行っていたという記録はみられない。あるいは北朝と交渉のあった百済・高句麗経由との可能性も考えられるが、当時、日本と親密な関係にあった百済には陶俑の風習はみられない。また高句麗も古墳壁画は受容するものの陶俑はみられず、さらに五世紀前半代には日本と政治的対立関係にあったとされる。したがって、陶俑が人物埴輪出現に大きな影響を与えたとすれば、南朝の劉宋との関係を中心に考えなければならない。

人物などの陶俑は、住居・農地・園池などを象った土製明器とともに被葬者の死後の生活を象ったものである。そのなかでも人物俑は被葬者に仕える従者や臣下達であり、原則的に被葬者は象らない。さらに、地下世界での従者であることから被葬者に近い墓室内への副葬が中心であり、墳丘外の場合でも坑内に埋置されるのが一般的である。これに対し人物埴輪群は地上に樹立される。従者とみられる人物群が圧倒的多数を占めるものの、椅座あるいは胡座した首長と考えられる人物を中心とした各種儀礼や狩猟行為などを表現しており、樹立位置も初期には埋葬施設からもっとも遠く離れている。このように、当時の国際関係や陶俑と人物形・動物形埴輪群の特徴を単純に比較すると、その関連性はきわめて希薄にみえる。

しかし、東晋泰和四(三六九)年在銘の中華人民共和国江蘇省南京西善橋古墓や東晋太元九(三八四)年在銘の同省南京中山門外苜蓿園磚墓を始めとして、同一古墳内からの出土個体数は相対的に少ないものの、南京周辺には南朝期の陶俑を出土した古墳が比較的多く確認されている。したがって、劉宋においても盛行はしないものの、継続的に陶俑の製作・副葬が行われていたことは容易に推測できる。また、器種についてみると後漢代を中心に盛行した土製明器群は急速に姿を消してゆき、南北朝期以降はほぼ陶俑のみとなっている。さらに五世紀前半代の日本では器財中心ではあるが、器物を象った土製品である埴輪が古墳祭祀において重要な位置を占めるほど盛行していることから、同じ土製の人形である陶俑の風習を受け入れる母胎は充分に成熟していたものと考えられる。しかし、陶俑の風習をそのまま受容したのではなく、日本独自の古墳祭祀としてすでに爛熟期に達していた埴輪祭祀に適応させるかたちで取り入れたのではないかと考えられる。これは、出現期の人物埴輪群が陶俑と同じく古墳祭祀専用に製作されたものであり、とくに畿内では出現当初から精巧で写実的かつ多種多様な人物埴輪群が揃っていること、他の器財埴輪群とは異なる外堤上や墳裾の一部・造出など特定の位置に樹立されていることとも関係するのかもしれない。さらに、長野県長野市長礼山二号墳・福島県天王壇古墳のように、初期段階では小形土製品として製作され、他の形象埴輪群と意図的に区別されている例が存在することが、これらの可能性を示している。

中国陶俑との関係

このように考えると、形象埴輪そのものは日本国内で独自に出現したが、形象埴輪のなかでも五世紀前葉頃に突如出現する盾持人と、やや遅れて五世紀中葉頃に出現する男子・女子などの盾持人以外の器種については、ともに中国の陶俑との関係を考えなければならない。盾持人が先行し、その後の人物埴輪の祖形となったとする考えもあるが、陶俑との関係を考えると、先に盾持人だけが導入され、その後他の器種も陶俑の影響を受けて新たに製作樹立されたと解釈すべきであり、盾持人と他器種との系譜的連続性はないと考えられる。

いずれにしても、人物埴輪群が中国の陶俑の影響を受けて出現したとすると、人物埴輪群があらわすものは、単独で樹立される盾持人は墓を守護する方相氏、盾持人を含む人物埴輪群は神仙世界での被葬者の暮らしとそれを守護する方相氏であったことになろう。

ところで、前述したように盾持人が墓の守護と仙界での被葬者の暮らしを守護するというふたつの役割を持っていたとすれば、盾持人だけが最初に製作樹立された背景には、前者の役割のみを果たす盾持人だけがまず受容された可能性も考えられる。これについては、盾持人出現以前の器財埴輪に守護を意味すると考えられる盾形埴輪が多くみられることとも関連するのかもしれない。しかし、もし盾持人がふたつの役割をともに果たすかたちで受容されたとすれば、仙界で盾持人に守護される人々も同時に製作樹立されたのではないかと考えられる。すなわち、墓山古墳・拝塚古墳など出現期の盾持人を出土する古墳には、同時に他器種の人物群も存在する可能性があることになり、人物埴輪は盾持人のみが初現ではなく、五世紀前葉頃にはさまざまな器種が揃ったかたちで突如出現しているのかもしれない。

人物埴輪群の出現時期と、記録に残る各倭王の死亡時期とを考えあわせると、讃・珍(弥)・濟のいずれかが葬られた古墳で最初に人物埴輪群が出現したことになろうか。人物埴輪と陶俑との関係については浜田青陵以来先学諸氏が説くところであるが、劉宋と交渉を持った倭が大和朝廷であったという前提にたてば、人物埴輪の出現は百舌鳥古墳群あるいは古市古墳群内の大王墓のいずれかとなる可能性が高い。

日本の古墳時代に南北両朝ともに日本より多くの交渉をもっていた百済に陶俑の風習が受容されていないのは前述したとおりであるが、百済に限らず、伽耶・新羅を含め朝鮮半島全体に共通して家形・車形・舟形・鳥形・馬形・騎馬人物形などの陶質土器がみられる。陶器である点に関しては土製明器・陶俑などと同じであるが、ほとんどの器種が容器として製作されている。これら特殊な器形を呈するいわば明器・俑形陶質土器が中国の土製明器や陶俑からの影響を受けて出現した可能性は考えられるが、陶俑において主要器種である人物形や、北朝で盛行する装甲騎馬兵形などはみられない。また、容器形に執着した背景には、前代から古墳祭祀に関して非容器形土製品である家・器財などの形象埴輪を製作していた日本と異なり、非容器形土製品を製作する伝統がなかったため、土製明器や陶俑そのものは受容せず、明器・俑形陶質土器という独自の形態に変化させることによって中国の風習を受容したとも考えられる。

このような朝鮮半島内にあって、南北両朝ともほとんど交流のなかった新羅には陶俑がみられる。ただし、慶州隍城洞所在古墳のように七世紀以降の統一新羅に属する時期の古墳からの出土に限られる。六世紀以前をみると、五世紀代には慶州皇南洞出土例のような人形・動物形陶質土偶がみられ、六世紀代には慶州金鈴塚古墳出土の騎馬人物形のような陶質土器がみられる。人形・動物形陶質土偶は一見陶俑に類似するが、その稚拙な製作技法などをみる限り中国の陶俑とは明確に異なっている。慶州金鈴塚古墳出土の騎馬人物形陶質土器などの技術レベルからみると明らかに稚拙であり、むしろ装飾付陶質土器の装飾部分に共通した要素が多く、特異な例を除き全体に小形であることも特徴のひとつである。装飾付陶質土器と陶質土偶の出現時期が問題となろうが、もし陶質土偶が後出であるとすれば、新羅における人形・動物形陶質土偶は、装飾付陶質土器の装飾部分を独立させて土偶とした新羅独自の土製品であったと思われる。

日本国内でも長礼山二号墳以外にも形象埴輪と同一器種となる小形土製品が古墳から出土しており、鶏形・鳥形・犬形・猪形の京都府蛭子山古墳、魚形の奈良県生駒郡斑鳩町瓦塚一号墳など四世紀末葉頃が初現となっている。しかしいずれも動物形土製品であり、さらに鶏形・鳥形を除く器種では埴輪化が遅れることから、古墳祭祀用小形土製品は一定期間製作が継続されていたものと考えられる。ただし、出土古墳のほとんどが埴輪を伴うことから、埴輪祭祀との関係で理解すべきものであろう。

このように、中国の陶俑の風習が五世紀代の日本や朝鮮半島に影響を与えたとすれば、葬送祭祀に関して非容器形土製品を製作する伝統が前代に存在するか否かによって受容形態が異なったと考えられる。

第三節　人物埴輪にみる大陸の制度と習俗

北方民族の影響

人物埴輪が中国の陶俑の影響を受けて出現したとすれば、人物埴輪の服装・冠帽・姿態などのなかに大陸の制度・習俗を写したものが存在することになる。事実、関東地方を中心とした人物埴輪、とくに男子においては多様な器種・表現をみせるが、その一部には中国あるいは朝鮮半島との関係をうかがわせるものがある。例えば、盾持人の頭部は笄帽形頭巾表現がもっとも多いが、一部には茨城県玉里舟塚古墳出土例などのような円錐帽形を基本とし、埼玉県女塚一号墳出土例のように頭頂部に透かしを持つ球形の飾りがつくものなどもみられる。また、群馬県保渡田Ⅶ遺跡出土の眉庇付冑着用の武装男子頭部は盾持人となる可能性が指摘されている。円錐帽を基本形とする頭部表現については、西晋永寧二(三〇二)年在銘の中華人民共和国湖南省長沙市金盆嶺二一号墓出土人物俑のなかの盾持・戟盾持人に同様な表現がみられる。戟盾持人は日本でも千葉県東深井九号墳、群馬県保渡田Ⅶ遺跡・富岡市太子堂塚古墳、埼玉県行田市将軍山古墳・坂戸市塚の越一号墳・大里郡江南町権現坂埴輪製作遺跡・児玉郡美里町十条出土例などにみられるが、戟そのものが盛行しなかった日本にあって、あえて戟を表現した背景には方相氏など陶俑との関連性がうかがえる。さらに、甲冑着用の盾持人は、同国河北省磁県茹茹公主墓出土例などのように六世紀代の東魏北斉では鎮墓武士俑として盛行をみせている。したがって、日中間で若干の時期差は存在するものの、同じ盾持人に共通した頭部・装備表現がみられることになる。これは、陶俑からの影響が人物埴輪出現以降も継続的にみられたことを示すものかもしれない。ただし、鎮墓武士俑などは北朝で盛行をみせていることから、当時の日本と北朝との関係が問題になってこよう。これに関しては、人物形埴輪のなかでも五世紀後半～六世紀前半代に多くみられる力士・角笛を吹くかあるいは背負う人物・鳥を右手に乗せた人物や、六世紀後半代に盛行する正装男子における三角巾形冠帽・後頭部に「Y」字形結紐を伴う丸帽表現などがとくに注目される。

三角巾形冠帽のなかでも額当式とされるものについては、後藤守一・若松良一などが「魏書東夷伝」や朝鮮民主主義人民共和国平安南道双楹塚古墳・舞踊塚古墳壁画などから高句麗で盛行した析風と解している。とすれば、三角巾額当式の正装男子が盛行する六世紀後半代には高句麗からの影響がみられたことになろう。

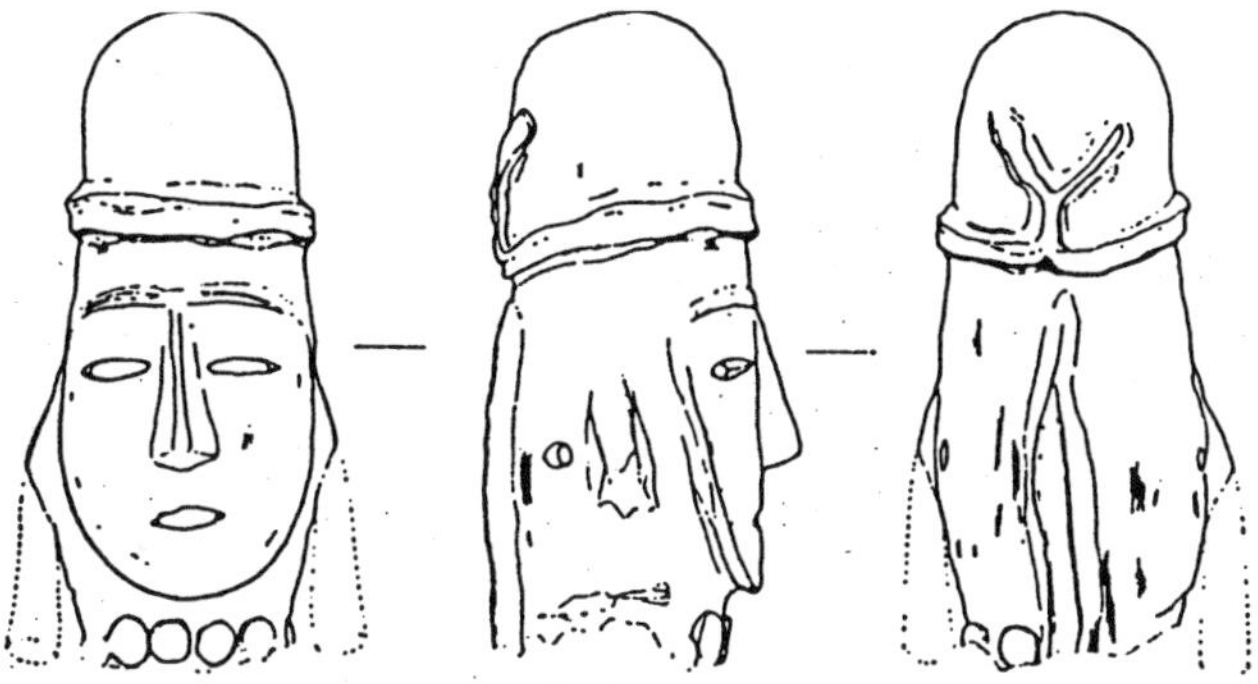

図23　埼玉県南大塚４号墳出土の後頭部に「Y」字形結紐を伴う丸帽表現

同様な視点で考えると、後頭部に「Y」字形結紐を伴う丸帽表現（図23）についても、朝鮮民主主義人民共和国黄海北道安岳第三号墳をはじめ同国平安南道薬水里古墳・徳興里古墳の壁画などにみられるリボン付丸帽と同一の可能性があり、中華人民共和国遼寧省朝陽市袁台子慕容鮮卑墓壁画にもみられることから鮮卑系の被り物をした人物埴輪ということになろう。高句麗古墳壁画の狩猟図では騎馬人物もリボン付丸帽を被るが、一般的には身分の低い馬丁などが被っていることから、奈良県四条一号墳出土の入れ墨をした男子にみられる後頭部結紐表現付丸帽や、六世紀前半代の群馬県塚廻り四号墳出土の後頭部「ハ」字形結紐付円錐形帽も同一である可能性が考えられる。また、力士については安岳第三号墳をはじめ角抵塚古墳・舞踊塚古墳などの壁画にみられ、角笛を吹く人物についても安岳第三号墳壁画、草廠坡北魏墓出土騎馬俑などにみられる。各古墳の築造時期などから考えても、これらはいずれも日本の人物埴輪出現以前から継承されている北方民族の習俗である。さらに、群馬県保渡田八幡塚古墳出土例など鳥を右手に乗せた人物埴輪における鳥が鷹であるとすれば鷹匠を表現していることになるが、六世紀後半代の鷹匠形埴輪が現代と同じ左腕に鷹を乗せているのとは対照的である。壁画には見えないが、唐代の陶俑に右腕に隼を乗せる騎馬俑が存在することや、現在の北方遊牧民も右手に鷹を乗せることなどから、六世紀前半代以前の鷹匠形埴輪は北方民族から伝播した騎馬形鷹匠を表現しているものと考えられる。

このようにみてくると、人物埴輪のなかでもとくに男子においては、その出現当初から北朝・高句麗といった北方民族からの影響を継続的に受けていたことになる。これは、「宋書」にみられるような南朝との交渉だけではなく、五〜六世紀代の日本は記録にはみられないものの北朝・高句麗といった北方民族とも直接、あるいは朝鮮半島南部諸国を経由して間接的に交渉を持っていたことを示すものであろう。さらにこのことは、百済・高句麗ばかりでなく、日本も南・北両朝と交渉を持っており、その結果、北朝系の陶俑の影響も受けた可能性を示しており、同時に五世紀前葉頃に政治的対立関係にあった高句麗と日本がその後交渉を持つようになった可能性も示している。ただし、馬冑・馬甲・蛇行状鉄器など鎧馬の存在を想定させる遺物が日本国内でも出土しているにもかかわらず、人物埴輪には北朝の陶俑や高句麗の古墳壁画にみられる北方民族に特徴的な鎧馬に跨る装甲騎馬兵はみられず、さらに馬車や牛車を中心とした出向鹵簿を想定させる埴輪群もみられないことから、北朝・高句麗からの影響は部分的であったと思われる。このように考えると、密接な交渉をもっていた南朝すなわち漢民族からの影響も同様であった可能性が高くなる。

渡来系表現と在来系表現

以上のように、人物埴輪には記録に遺る南朝ばかりでなく、陶俑が盛行した北朝からの影響も出現当初から継続的にみられることから、人物埴輪は陶俑に具現化された中国の葬送意識の影響を受け出現したと考えるべきであろう。ただし、中国にみられる器種組成・表現方法などがそのまま受容されていないことから、すべて陶俑や古墳壁画を規範としたものではなかったと考えられる。すなわち、胡漢両民族の思想・制度・習俗を部分的に輸入し、さらにこれらのなかから日本の埴輪祭祀に適応する器種・表現方法のみが採用されたのであろう。その一方で、椅座弾琴男子や農夫など日本独自の器種も存在することから、人物埴輪には渡来系と在来系の器種・表現方法が混在していたことになる。ただし、胡漢両民族の思想・制度・習俗のどの部分がどのような形態で受容されたのかについては不明な点が多い。とくに多種多様な表現をみせる男子埴輪の被り物については、それぞれが特定の職掌や身分を表現するものと考えられてはいるものの、渡来系か在来系かも判断できない例が多い。

関東地方で広くみられる円形鍔付帽については、静岡県浜北市スズミノ古墳から直径三五センチを測るドーナツ盤形の鈴付金銅製透かし彫り金具が出土している。中央部は有機質であったらしく遺存していないため丸帽か円錐帽かは不明であるが、その形態的特徴から帽子の鍔とされる。優品であり国内に類例が乏しいことから舶載品と考えられており、これをモデルに埴輪が製作されたとすると、突出度の強い鍔付帽は朝鮮半島などからの渡来系表現であったことになろう。

このようにモデルが明確な被り物はきわめて少なく、例えば高句麗の析風と解釈されている三角巾形冠帽についても問題は多い。厳密に分類すれば前立形、側頭部までの巻き付け形、後頭部にも小形の三角巾を有する前後三角巾形などがある。いずれも三角巾が前傾あるいは直立するのが特徴であり、高句麗古墳壁画にみられる析風が後傾するのとは対照的である。両者が同一のものであるとすれば、三角巾形冠帽は日本風にアレンジされた析風と解釈しなければならない。また、とくに先端が前傾する一群は湾曲面を有することから有機質の素材で製作されている可能性が高い。

ところで、埴輪の製作時期などからみて三角巾形冠帽のなかでは最初に出現してくる前後三角巾形に注目すると、壁画に描かれた析風には後頭部に三角巾はみられない。とすれば、三角巾形冠帽のなかで前二者が析風であり、前後三角巾形は異なる被り物ということになるのであろうか。後頭部の三角巾に注目すれば、類似した形態は後頭部側に高い耳を立てる中国の介幘に求められる。介幘は文吏の被り物であり、展筩を立てた進賢冠は陶俑ばかりでなく高句麗古墳壁画にも描かれている。展箭は三角形を呈しないことから前後三角巾形冠帽がただちに進賢冠を表現したものと解釈することはできないが、前後三角巾形冠帽を被る人物埴輪は刀を佩用するものの、すべて正装男子として表現されていることから、日本では文吏的性格を持つ人物が正装した際に被る介幘の一種を象ったとも考えられる。中国では文吏の介幘に対し武官は平上幘を被るが、人物埴輪のなかに平上幘と特定できる被り物はない。これについては、形態が日本風に改変されたか、他の被り物によって武官を表現したか、または武官がすべて甲冑着用で表現されたためかもしれない。あるいは、日本の人物埴輪で表現される正装男子には、中国のような文吏・武官の区別がなかった可能性も考えられる。

このほか、鋸歯状冠とされる被り物も高句麗古墳壁画などにみられるが、前述のように人物埴輪では群馬県高崎市八幡原町内出土品のように首長と思われる胡座男子のほか、茨城県玉里舟塚古墳・鳥取県井手挟三号墳出土例のような下級兵士と思われる軽装の靫負男子や盾持人などにもみられる。これについては、同じ鋸歯状冠の形態で表現されてはいるが、姿態・服装などの違いからみて皮弁冠と鋸歯状幘など、本来は異なる被り物を表現していた可能性もある。

図24　金盆嶺21号墓出土の進賢冠を被る文吏俑

このように考えると、男子埴輪に表現された被り物を中心として、それに伴う服装や姿態を中国・朝鮮半島の資料と詳細に比較検討すれば、どのような制度・習俗が日本にもたらされたかが解明できるかもしれない。

第三章　初期の人物埴輪

第一節　西日本の初期人物埴輪

中国の葬送意識の影響を受け、大阪府古市古墳群あるいは百舌鳥古墳群内のいずれかの大王墓で初めて製作・樹立されたと考えられる人物埴輪は、その後全国に伝播してゆく。それまでの埴輪にはみられなかった造形・表現方法であったことから、最初に製作が開始された大阪府南部での技術体系が器種組成・樹立位置などとともにそのまま各地に伝えられたと考えられる。そのため、初期の人物埴輪には大阪府南部で確立した規範を遵守する地域が多い。ただし、器種組成・樹立位置については前述したように規範が遵守されたと考えられるが、製作技術に関しては、前代から独自の技術体系を有する地域や、逆にそれまで埴輪を製作していなかった地域では在地色の濃い人物埴輪も出現している。

畿内における出現期の男子頭部成形方法は不明であるが、五世紀後葉～末葉にかけての頭部成形方法は、奈良県四条一号墳・大阪府蕃上山古墳出土例をみると男子は頸から頭部にかけて屈曲して立ち上がり、頭部は円筒形で頭髪部分となる頭頂部は扁平に成形される「円筒形成形」である。女子も頸から頭部にかけては屈曲して立ち上がるが、頭部は球形に成形される「球形成形」で、頭頂部の後頭部側を押し潰すように髷を貼付している。また、男子のなかでも力士は女子と同様な成形方法をとるものが多く、頭頂部は球形のままである。女子頭部の「球形成形」は大阪府大山古墳出土例にもみられることから、女子の頭部成形法は出現期から継承されていたものと思われる。このように考えると、男子頭部における「円筒形成形」も出現当初からの成形方法であった可能性が高い。これらの成形方法を「畿内型頭部成形」と呼称すると、「畿内型頭部成形」は畿内ばかりでなく、近畿一円にも広く認められることから、畿内の成形方法は周辺地域に伝播し、とくに初期段階においてはその強い影響力で規範を遵守させていたことをものがたっている。なかでも、畿内色の濃い「石見型盾形埴輪」を出土する岡山県吉井川流域や「双脚輪状文形埴輪」を出土した香川県仲多度郡満濃町公文山古墳群などに関しては、畿内の埴輪製作専門工人集団の直接的関与や強い伝播・影響があったものと思われる。さらに、島根県松江市平所埴輪製作遺跡出土品は動物埴輪も含め、高度な畿内の技術体系そのもので製作されていることから、畿内の工人が移動し、平所で直接製作したものと考えられる。これらの地域はいずれも人物埴輪出現以降埴輪が盛行しなかった地域であることから、人物埴輪導入期には畿内工人の直接招聘も行っていたものと考えられる。ただし島根県内をみると、その後の人物埴輪は松江市岩屋後古墳出土例のように在地色がきわめて濃いことから、平所埴輪製作遺跡での畿内工人による埴輪製作は「単発的操業」にとどまり、その技術体系は継承されなかったようである。同様な現象は隣接する鳥取県内でもみられることから、人物埴輪出現以降埴輪が盛行しなかった地域において畿内色の濃い人物埴輪が存在する場合、畿内系工人による「単発的操業」が行われるものの、その後在地の専門工人集団が組織されないことから、技術的継承はみられなかったと考えられる。

福岡県浮羽郡吉井町塚堂古墳など初期人物埴輪を出土しているものの、器種・製作技法などその詳細については不明な九州については、六世紀中葉頃と考えられる福岡県八女市立山山八号墳出土例に「畿内型頭部成形」がみられることなどから、人物埴輪製作にあたっては畿内の規範を導入していたことがうかがえる。ただし、立山山八号墳・同一三号墳出土例などには在地色の顕著な人物埴輪も存在することから、六世紀前半代には在地化が進行したものと思われる。また、東海地方では愛知県味美二子山古墳から畿内系の人物と在地系の馬が出土している。さらに当該地域では、これ以降人物埴輪がほとんど製作されなくなるなど、在地化というよりは六世紀前葉頃を境に埴輪祭祀に対する意識そのものが大きく変化するようである。このような六世紀前半代における畿内を除く東海地方以西での人物埴輪における変化の背景には、初期人物埴輪伝播後、人物埴輪ばかりでなく埴輪祭祀そのものを含む畿内からの継続的な強い伝播・影響が少なかった可能性があげられる。

一方、中心となる畿内でも初期には「畿内型頭部成形」など規範が遵守されているが、五世紀末葉以降、とくに六世紀代に入ると大阪府東大阪市大賀世二号墳出土の男女・同三号墳出土女子、奈良県天理市荒蒔古墳出土男子のように明確な作り分けが行われないものや、各部の製作技法や表現方法が地域によって異なるものも登場してくる。このような変化の原因は爆発的な需要の増加と、それに対応するための製作方法の簡略化・粗製化とともに、製作工人集団の拡大・拡散に伴う規律の弛緩と在地色の顕在化であったと考えられる。

第二節　関東地方の初期人物埴輪

畿内の表現技術の影響

関東地方の初期人物埴輪をみると、茨城県新治郡霞ヶ浦町富士見塚一号墳・栃木県芳賀郡二宮町大和田富士山古墳出土例のように未熟な技術によって製作された稚拙な一群がある一方で、群馬県保渡田八幡塚古墳・埼玉県埼玉稲荷山古墳出土例のように高度な技術体系によって製作された人物埴輪群もあり、二極化している。

このような状況のなかで、いち早く精巧品が出現する群馬県をみると、保渡田八幡塚古墳・保渡田Ⅶ遺跡・若宮八幡北古墳・古海松塚一一号墳など群馬県内の初期人物埴輪群には「畿内型頭部成形」は採用されていない。また、女子の耳飾りは大阪府蕃上山古墳・三重県松坂市常光坊谷四号墳出土例のように表現されないのが一般的特徴であるのに対し、坂下古墳群出土例には垂飾かと思われる棒状紐垂れ下がり表現がみられる（図25-2）。さらに、東海地方以西では意須比が左脇下を袋状とし、右脇下が鰭状に突出する表現であるのに対し、保渡田八幡塚古墳出土例では体に密着させた輪郭のみを立体的に表した写実的表現となっている（図25-3）。その一方で、畿内で広くみられる環状紐ナデ貼付耳朶表現が保渡田Ⅶ遺跡出土例に、さらに蕃上山古墳出土例など畿内で普遍的な突帯・透孔をもたない半身像台円筒が坂下古墳群出土女子にみられることなどから、群馬県内では初期人物埴輪製作にあたっては独自技法による製作を基本としながらも、部分的に畿内の製作技法・表現方法を採用したものと考えられる。

一方、埼玉県内の初期人物埴輪となる新屋敷六〇号墳・児玉郡美里町広木大町四一号墳出土例などをみると、女子は頭部が球形に成形されている。さらに広木大町四一号墳出土女子では開放形の頭頂部の後頭部寄りを押し潰すように髷が貼付されている。また、埼玉稲荷山古墳では力士の頭部が球形に成形され（図26-3・4）、男子の

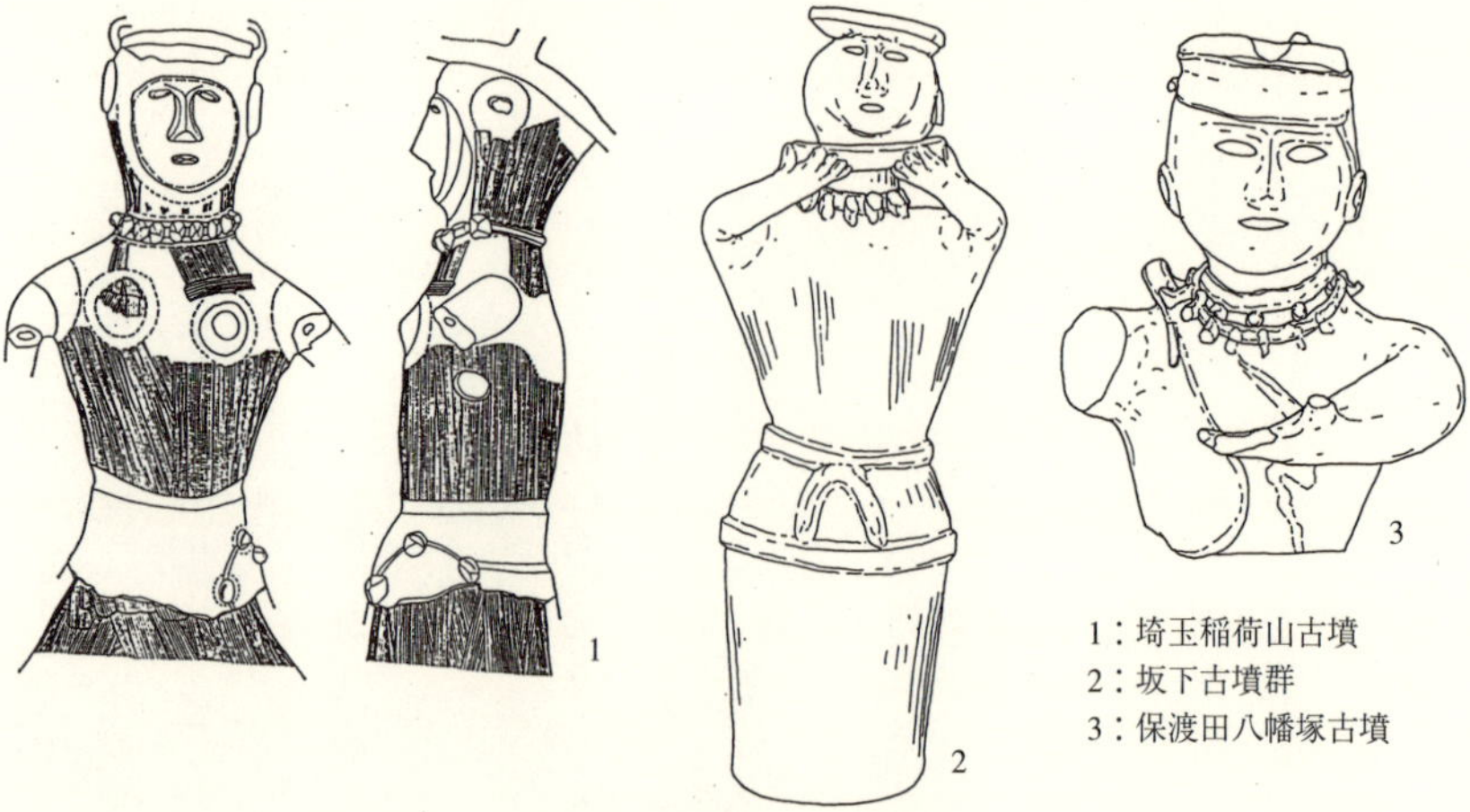

1：埼玉稲荷山古墳
2：坂下古墳群
3：保渡田八幡塚古墳

図25　出現期の女子埴輪

一部には「頭部円筒形成形」が認められる。表現方法では群馬県保渡田Ⅶ遺跡出土例にもみられた環状紐ナデ貼付耳朶表現が埼玉稲荷山古墳出土例に、「の」字形耳朶が新屋敷一五号墳にみられる（図26-1）。このほか、群馬県坂下古墳群出土女子にもみられた突帯・透孔をもたない半身像台円筒なども新屋敷六〇号墳古墳群出土例にはみられる。いずれも畿内を中心とした地域の特徴的な成形・表現方法であることから、埼玉県内での初期人物埴輪の製作には畿内あるいは畿内の直接的系譜を引く埴輪製作工人が深く関与していたと考えられる。

なお、「の」字形耳朶の初現とした新屋敷一五号墳は六世紀初頭～前葉頃の築造と考えられており、先行する埼玉稲荷山古墳出土例（図26-3・4)では「e」字形耳朶となっている。両者を比較すると「の」字形耳朶を反転させた形態が「e」字形耳朶であることから、いずれかが誤って表現された可能性が高い。畿内およびその周辺での類例をみると、大阪府豊中市穂積一号墳出土女子・福井県三方郡美浜町帝釈寺四号墳出土力士（図26-2）・愛知県味美二子山古墳出土正装男子全身立像（図4）など器種に関係なく「の」字形耳朶となっている。あるいは初期には「e」字形でその後「の」字形に転換したとも考えられるが、現在までのところ畿内に「e」字形が認められないことから、本来は「の」字形であった表現が、埼玉稲荷山古墳では誤って「e」字形となったものと考えられる。

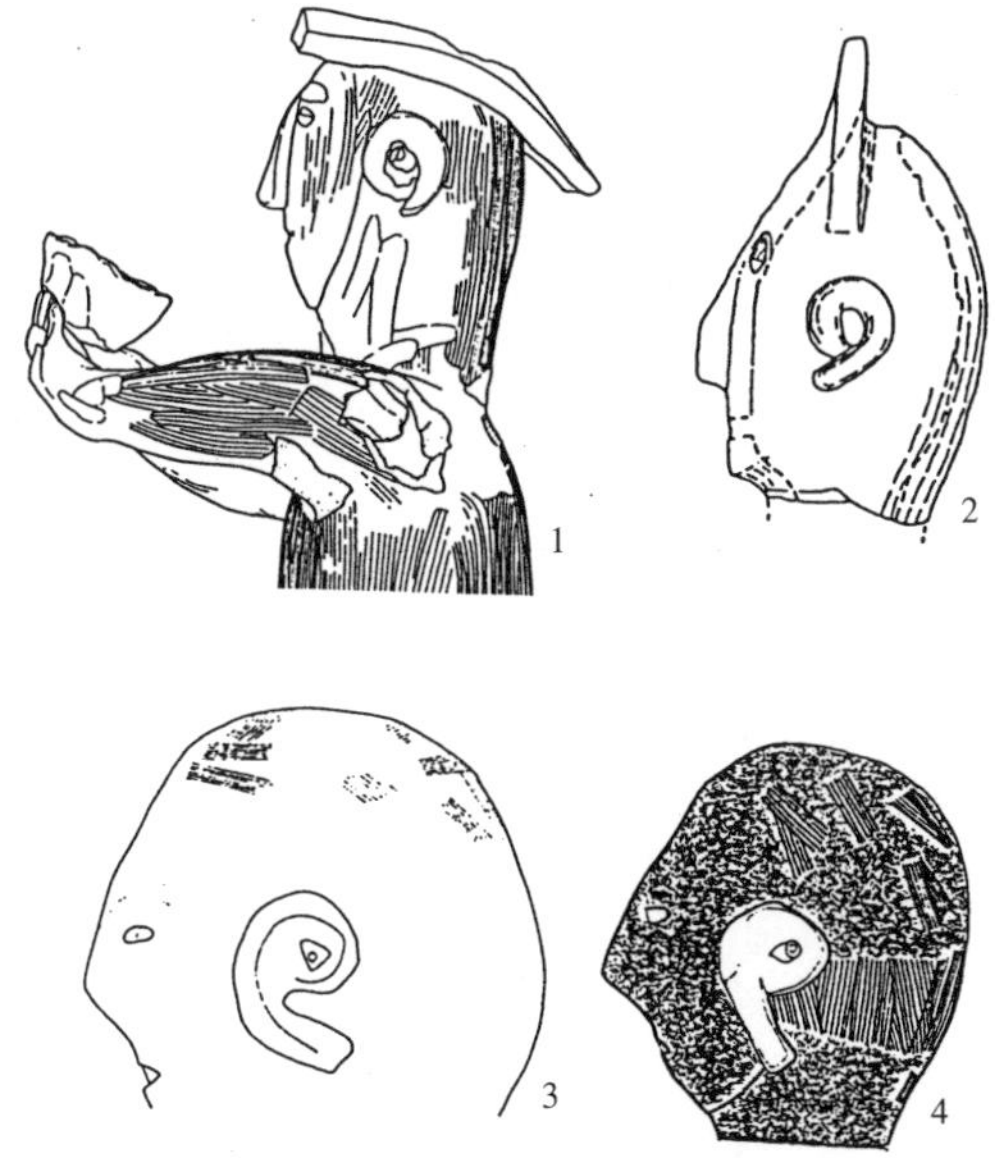

1：新屋敷15号墳　2：福井県帝釈寺４号墳
3・4：埼玉稲荷山古墳

図26　「の」字形・「e」字形耳朶表現

初期人物埴輪における群馬県と埼玉県の関係については、群馬県が在地色の濃い製作技法や表現方法を主体とするものの、ともに畿内的特徴を有している。その一方で、意須比表現についてはともに東海地方以西とは明確に異なっている。さらに、埼玉稲荷山古墳出土女子にはその類例が群馬県保渡田八幡塚古墳・坂下古墳群出土女子に求められる紐貼付型首飾り表現があり（図25-1）、現在までのところ畿内には類例が認められないことから、この首飾り表現は関東地方で創出された可能性が高い。したがって、埼玉稲荷山古墳の人物埴輪は畿内からの伝播だけではなく、群馬県との関係も含めた関東地方独自の技法・表現でも製作されたと考えられる。

群馬県と埼玉県の違いと特色

これら群馬・埼玉両県の初期人物埴輪の諸特徴のなかで、坂下古墳群出土例にみられた耳飾りにおける棒状紐垂れ下がり表現（図25-2）は、群馬県内ではその後断絶するのに対し、埼玉県内では古凍り根岸裏七号墳・広木大町三一号墳・新屋敷一五号墳など六世紀前葉頃までみられる。また、坂下古墳群・保渡田八幡塚古墳出土例などにみられた断面楕円形紐に円形あるいは勾玉形重ね貼付表現となる首飾り（図25-2・3）も、群馬県内ではその後ほとんど盛行しないのに対し、埼玉県内では埼玉稲荷山古墳以降六世紀後葉頃まで盛行している。同様な現象は突帯無し・透孔無しの半身像台円筒にもみられ、群馬県内では坂下古墳群出土女子で断絶するのに対し、埼玉県内では新屋敷六〇号墳以降同一五号墳・女塚二号墳など六世紀初頭～前葉頃まで継続している。以上のことを考えあわせると、出現期の人物埴輪にみられる諸特徴が群馬県内では早くに断絶あるいは衰退し、独自の製作技法や表現方法が主体となるのに対し、埼玉県内では一定期間継続していたことになる。これらを両地域の関係で考えると、先行して人物埴輪が出現した群馬県内ではいち早く独自の製作技術・表現方法を創出したが、後出する埼玉県内では畿内で定型化した「畿内型人物埴輪」を主体に導入したものと考えられる。その際、先行する群馬県内からの影響も受けたのであろう。出現期の人物埴輪にみられる諸特徴が群馬県内では早くに消失し、埼玉県内では一定期間継続してみられるのは、前代から定形化に向かって急速に変化する過程にあった群馬県内の人物埴輪に対し、その影響を受けた埼玉県内では受容した製作技法・表現方法が一定期間継承され、その後独自色が加味されていったのではないかと思われる。このようにみると、人物埴輪伝播初期には、群馬県と埼玉県の間には少なくとも埴輪製作においては交流があったことになる。

以上のように考えると、このような初期人物埴輪製作に関する群馬県と埼玉県の違いは、伝播過程の差に加え、前代における埴輪製作専門工人集団の存否にも関係があるものと思われる。すなわち、群馬県では太田市朝子塚古墳など四世紀末葉頃に大和北部を中心とした畿内型の定形化した埴輪群が導入されると、その後は断続的ではあるが大形墳を中心として埴輪製作が継続されることから、専門工人集団の早期成立の母胎は整っていたと考えられる。さらに太田市天神山古墳など五世紀中葉頃になるとB種横ハケの欠落など在地色が顕在化することから、人物埴輪導入直前の群馬県内には、独自の技術体系を有する埴輪製作専門工人集団がすでに存在していたものと考えられる。そのため、畿内からの伝播・影響は受けたものの、あくまでも前代から継承した技術体系を駆使することによって人物埴輪も製作しようとしたのではないかと考えられる。その結果、畿内からの伝播・影響は表現方法などの一部にとどまったのではないかと思われる。このような群馬県内の埴輪製作専門工人集団の姿勢は、畿内から直接的に伝播してきたものの、受容時点で独自の形態に変容させてしまった前橋市前二子塚古墳における「石見型」盾形埴輪や、同市中二子塚古墳における双脚輪状文形埴輪を変形させた星形双脚輪状文形埴輪のように、その後も継承されていったようである。

これに対し、埼玉県内では児玉郡域を除き、五世紀中葉以前にさかのぼる埴輪がほとんどみられないことから、人物埴輪出現以前には埴輪製作専門工人集団は成立していなかったと考えられる。したがって、出現期の人物埴輪製作段階で初めて組織されたと考えられるが、その契機となったのは埼玉稲荷山古墳の築造であった可能性が高い。埼玉稲荷山古墳出土の人物埴輪には頭部成形方法や耳孔など畿内的様相が顕著に認められるが、その一方で畿内的な「の」字形を反転させた「e」字形耳朶が存在することや、頭部が「円筒形成形」とならない男子など在地的様相もみられる。これらのことから、最初に組織化された集団は、最新の技術体系を有した畿内の工人、あるいは研修などによって畿内の技術体系を習得した在地工人を中核としながら、未習得の在地工人をも含めた混合形の埴輪製作専門工人集団であったのではないかと思われる。これは、埼玉稲荷山古墳の被葬者あるいは次の首長かもしれないが、埼玉稲荷山古墳に対して埴輪祭祀を行った首長が、当時畿内と密接な関係にあったことを示すものであろう。埼玉稲荷山古墳の埴輪製作に関して群馬県内の工人が関与していたとすれば、組織化された集団のなかの「畿内型人物埴輪」製作技術未習得工人がこれに該当するのではないかと考えられる。

関東の他地域の様相

群馬県・埼玉県内出土例を除くと、栃木県足利市神明給・小山市桑五七号墳・大和田富士山古墳、茨城県富士見塚一号墳、千葉県柏市花ノ井・富津市内裏塚古墳付近出土品など、関東地方の他地域では五世紀後半代における出現期の人物埴輪は盾持人を含め、稚拙な技術によって製作されているものが多いことは前述したとおりである。そのため、他地域との比較は困難なものが多い。そのようななかで、千葉県木更津市祇園(東京国立博物館蔵)・茨城県三昧塚古墳出土の人物埴輪は相対的に精巧に製作されている。

木更津市祇園出土品は近接地に五世紀後葉〜末葉頃の築造とされる祇園大塚山古墳があることから、これに伴う人物埴輪の可能性が高いとされている。女子・男子頭部・全身立像下半部・全身立像脚部が確認されている。男子頭部は頭頂部が扁平で、富津市内裏塚古墳付近出土品と類似した特徴を有していることから盾持人の可能性が高い。女子頭部は膨らみをもつものの球形の成形とはなっておらず、顔面は粘土貼付引き伸ばしによってやや扁平化している。また、首飾りは紐貼付型である。全身立像は股間に強い縦ナデ調整がみられることから力士と考えられる。また、脚結には鈴表現がなされている。台は低いドーム形で、頂部中央には小孔がみられる。これらはいずれも群馬県内の初期人物埴輪に共通した特徴であり、とくに頂部中央に小孔を穿つ全身立像は保渡田八幡塚古墳出土例と類似している。

ただし、全体の規模や脚の形態などに違いをみせる。

したがって、木更津市祇園出土品は保渡田八幡塚古墳の人物埴輪群を製作した工人集団の直接的系譜を引く工人集団の製品と考えられるが、木更津市内には祇園出土品に先行する五世紀中葉頃と考えられている畑沢埴輪窯跡がある。人物埴輪は確認されていないが、ここで埴輪を製作していた工人集団、あるいは直接的系譜を引く工人集団が木更津市祇園出土の人物埴輪群を製作したとすれば、木更津市から群馬県西部へという逆方向の移動あるいは伝播という可能性も考えられる。しかし、畑沢埴輪窯跡をみると単発的な操業の可能性が高く、その後も上総地域では埴輪が盛行しないことなどからみて、継続的な埴輪製作専門工人集団が成立していたとは考えられず、むしろ需要が生じるたびに工人集団を招聘して製作させるか、遠方から直接供給させていたのではないかと思われる。このように考えると、木更津市祇園出土人物埴輪群の製作には群馬県西部の専門工人集団が関与した可能性が高く、この時期両地域間に密接な交流があったことをうかがわせる。

三昧塚古墳は副葬品の内容などから五世紀末葉頃と考えられているが、人物埴輪には男子・女子・力士が確認できる。不明な点が多いものの、「畿内型頭部成形」がみられないことや目・口の穿孔方法に粗雑なものが含まれるなど在地的様相をもつ。その一方で、同じ霞ヶ浦の高浜入り沿岸に位置する富士見塚一号墳の埴輪に比べあきらかに高度な技術体系によって製作されている。非畿内系の技術が主体を占めることから、関東地方内で系譜を探した場合、埼玉県より群馬県に近い様相と考えられる。

一方、富士見塚一号墳出土埴輪は円筒も含め稚拙な技術によって製作されていることから、関東地方のなかでもきわめて在地色の濃い埴輪群と考えられる。ただし、六世紀代になって盛行をみせる東茨城群茨城町小幡北山埴輪製作遺跡の工人集団によって製作・供給されたと考えられる「小幡北山型」埴輪の特徴である外面調整におけるナデの多用や、朝顔形円筒埴輪肩部の円形透孔が富士見塚一号墳出土例にも認められることから、富士見塚一号墳出土の埴輪群が「小幡北山型」の祖形になった可能性が高い。富士見塚一号墳は五世紀末葉頃に位置づけられ、三昧塚古墳と時期・地域ともに近接している。にもかかわらず、三昧塚古墳出土埴輪群とは異なる技術体系によって製作されており、その後茨城県中央部で組織される「小幡北山型」埴輪製作専門工人集団の祖形になったとすれば、三昧塚古墳出土の埴輪群は遠方からの直接搬入か、あるいは工人集団の招聘または指導による単発的製作であった可能性が高くなる。

したがって、埴輪の特徴がより群馬県に近いとすれば、三昧塚古墳出土の埴輪群は群馬県内の工人集団が製作に深く関与していたことになろう。このような三昧塚古墳にみられる非在地系埴輪と富士見塚一号墳にみられる在地系埴輪のような関係は、時期的には若干下がるが、畿内系工人集団が製作に関与した島根県平所埴輪窯跡出土品と、在地色の濃い工人集団が製作したと考えられる岩屋後古墳出土品との関係に類似している。

以上のようにみてくると、木更津市祇園・三昧塚古墳出土埴輪はともに群馬県内の専門工人集団が関与して単発的に製作された可能性が高くなる。ただし、千葉県木更津市祇園出土例にみられるように、共通点を多く有するものの、すべての製作技法・表現方法が同一とはならないことから、群馬県の埴輪製作専門工人集団がすべての埴輪を直接製作したのではなく、群馬県内で研修を受けた在地工人か、あるいは群馬県から工人を招聘し直接指導を受けて製作したものである可能性が高い。いずれにしても、人物埴輪出現期となる五世紀後葉〜末葉頃に、群馬県西部地域・千葉県上総地域・茨城県霞ヶ浦高浜入り北岸地域が密接な交流を持っていたことを示している。

このような人物埴輪製作における群馬県を中心とした関東地方内での広汎な交流に対し、埼玉古墳群を中心とした埼玉県のみが畿内の人物埴輪製作技術をより忠実にかつ継続的に導入している。これは、畿内の製作技術をより直接的に導入することで畿内との親密さを強調するとともに、新興勢力であった埼玉古墳群の被葬者達が群馬県に対抗しようとしたためかもしれない。あるいは、この時期の関東地方における群馬県を中心とした広汎な首長間交流に対する畿内側の事情で、埼玉古墳群に最新の人物埴輪製作の技術体系を直接的に供与したのかもしれない。

この時期関東地方では、前代から専門工人集団が成立している群馬県を除き、神奈川県のようにそれまでほとんど埴輪がみられなかった地域でも埴輪生産が開始される。これは、埴輪祭祀における人物埴輪導入と密接に関わっていると考えられ、古墳における埴輪祭祀の変化あるいは古墳祭祀そのものの変化に起因するのかもしれない。しかし、その後の様相については一様ではない。すなわち、埴輪生産の開始は専門工人集団の成立の契機とはなるが、千葉県東部・東京都・神奈川県などのように継続的な需要のない地域では単発的な生産にとどまり、継続的な専門工人集団は成立しない。これに対し埼玉県・茨城県のように埴輪がその後も盛行する地域では専門工人集団が組織され、その技術体系も継承されてゆくのである。その一方で、製作集団の拡散も開始される。この段階になると独自の技法や表現方法などが加味され在地色が進行してゆく。出現期に畿内型の製作技術を直接的に導入した埼玉県も同様で、六世紀初頭頃にはすでに畿内色はほぼ払拭され、独自の製作技術・表現方法が出現している。このような変化は畿内を中心とした東海地方以西にもみられることから、六世紀代になると全国的に規範が弛緩し、在地化が急速に進行したことを示している。そしてこれは、器種構成や樹立位置ばかりでなく、埴輪祭祀に対する意識そのものにも影響を与えたのではないかと考えられる。

第四章　関東地方各地の人物埴輪

前章でみてきたように、関東地方では群馬県・埼玉県を中心に人物埴輪が出現し、その後各地に伝播していったと考えられる。そのため、出現当初には群馬県または埼玉県、あるいは両地域の特徴的な製作技法や表現方法が顕著にみられる地域が多い。しかし地域によって時期差はあるものの、人物埴輪の盛行期をむかえると、伝播過程で変化し、あるいは在地色が加味されて独自の技術体系を有する「在地型人物埴輪」が各地で登場してくる。したがって、これらを逆にたどれば各地の人物埴輪製作技法・表現方法がどこから伝えられたかがわかることになろう。以上のようなことから、次に「在地型人物埴輪」を中心とした各地の人物埴輪の変遷について、その概要を述べることにする。

第一節　茨城県の人物埴輪

茨城県は那珂川以北の北部、那珂川以南で筑波山東部を含む霞ヶ浦・北浦北岸以北の中央部、その南側と西側の南部にわけられる。

北部地域の在地型人物埴輪

北部には常陸太田市元太田山埴輪製作遺跡・ひたちなか市馬渡埴輪製作遺跡が確認されている。とくに馬渡埴輪製作遺跡では長期間の操業と多数の窯跡が確認されていることから、北部における埴輪生産の拠点となっていたと考えられる。

北部の「在地型人物埴輪」としては「久慈型」があげられる（図27）。その分布範囲は那珂川以北から福島県いわき市までと広範囲に及ぶ（図28）。日立市西大塚三号墳・中道前五号墳・白方五号墳・東海村照沼小学校保管品・同村動燃東海事業所内出土例など六世紀前葉頃に出現し、後葉前半頃に終焉を迎えたのではないかと考えられている。その特徴としては、①全身立像が上下一体で製作される「一体成形」で

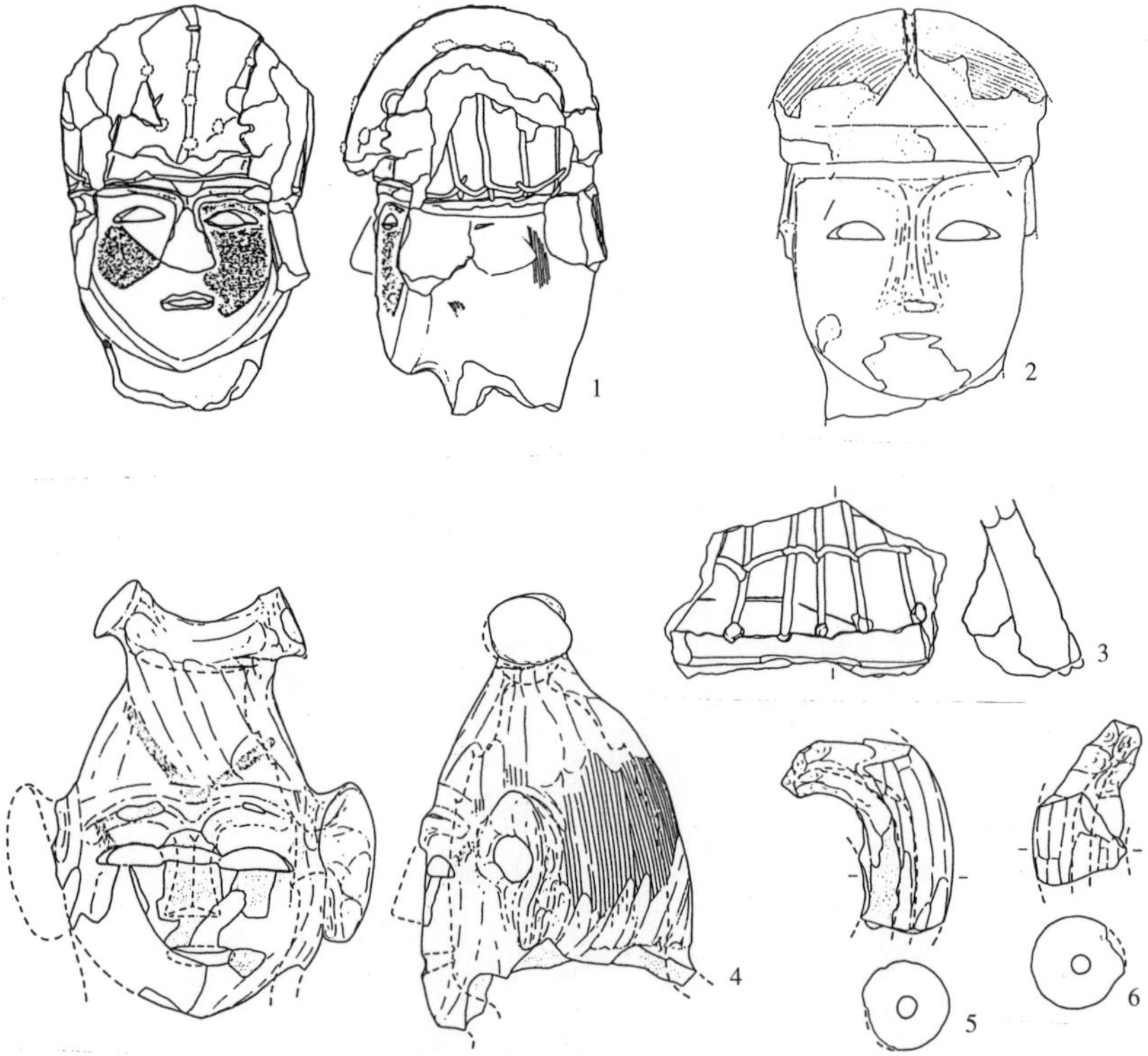

1・3：西大塚3号墳　2：一騎山4号墳　4～6：白方5号墳

図27　「久慈型」人物埴輪

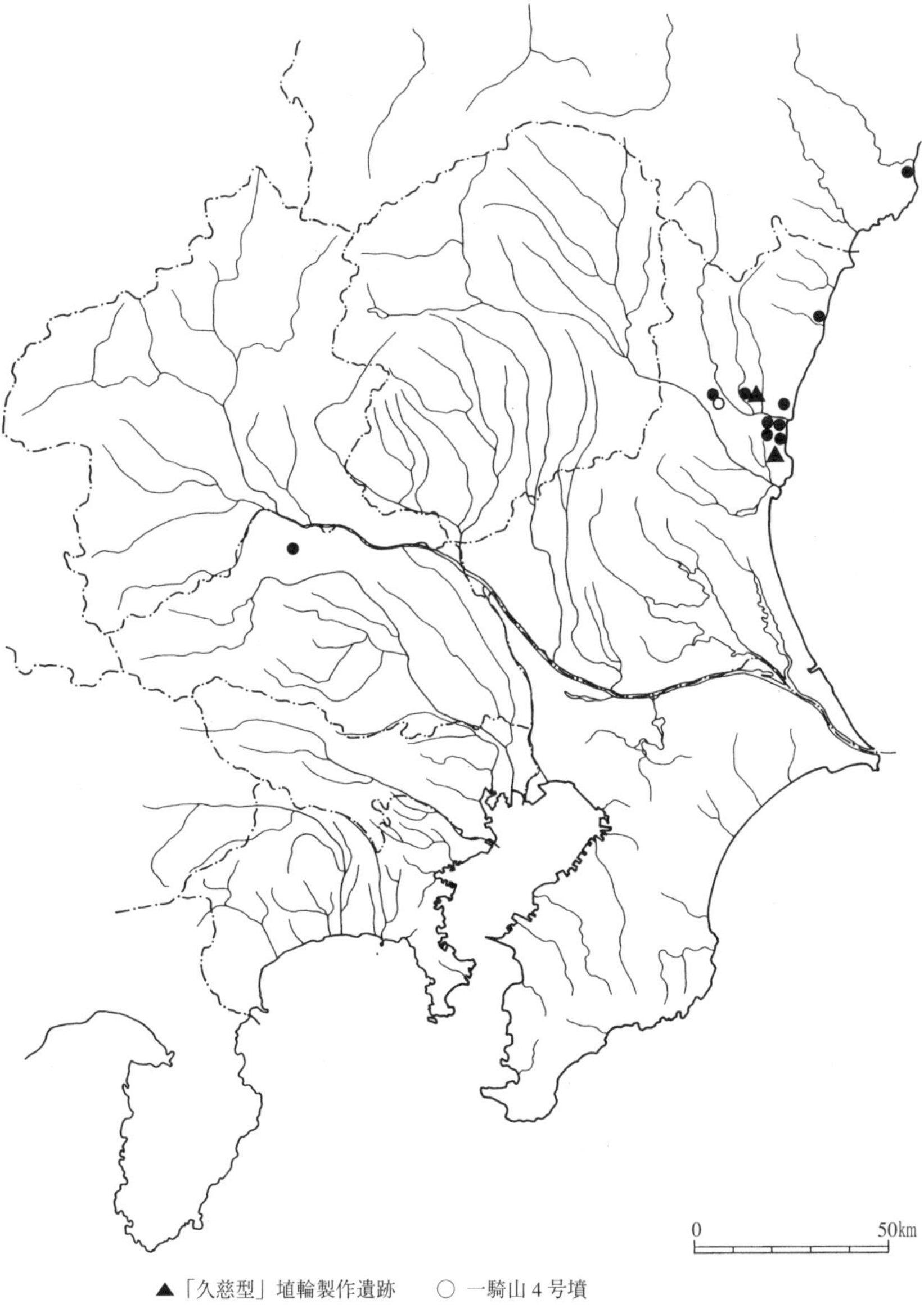

▲「久慈型」埴輪製作遺跡　○ 一騎山４号墳

図28　「久慈型」人物埴輪分布図

あること、②頭部成形において顎を中心に強く内側から押し出して膨らみのある頭部を成形し、顎部にのみ粘土を貼付して顎先端を尖らせること、③鋭利な工具で切り取った目は整った下弦の凸レンズ形とすること、④腕の成形に棒を芯にして粘土を巻き付けた後、棒を抜き取ってから整形するため中心に中空部分が残る「木芯中空成形」技法を採用すること（図27-5・6）、⑤整形時に肩などを中心に外面に板オサエ調整をほどこすこと、⑥首飾りには断面楕円形の粘土紐に粘土小粒を粗に重ね貼付すること、⑦武装男子の挂甲札表現において格子線刻の横線を連続した弧形とし縦線との交差点に革綴じ表現の粘土粒を貼付し、挂甲裾部に粘土帯を貼付すること（図27-3）、さらに冑の鋲留表現が首飾りと同じく粘土紐に粘土小粒を粗に貼付して行われること（図27-1）、⑧オサエ貼付の帯表現がみられること、⑨甲冑や武器などを中心に多量の紺色顔料が塗布されること、などがあげられる。

六世紀後葉前半になると舟塚一号墳出土例のような「久慈系常陸型」が出現し、六世紀末葉頃には日立市西の妻一号墳・ひたちなか市大平黄金塚古墳出土例のような中央部を中心として盛行する「小幡北山系常陸型」に統一されてゆく。「久慈系常陸型」は「久慈型」埴輪工人集団が製作していたらしく、「久慈型」の特徴のうち①・③・⑧・⑨を残す。しかし、武装男子は消滅し、替わって正装男子全身立像が登場してくる。三角巾形冠帽を被り、ホッケーのスティック形を呈する美豆良を下げ（図29）、上衣には立体的襟表現がみられる。これらの特徴を有する正装男子全身立像は、舟塚一号墳以降県内全域で出現するようになることから、この規格化された正装男子全身立像を含む一群は「常陸型」と呼ぶことができよう。

中央部地域の在地型人物埴輪

中央部には、県内最大規模を誇る東茨城郡茨城町小幡北山埴輪製作遺跡がある。ここから供給されたと考えられている玉里舟塚古墳出土の埴輪を代表例とするのが「小幡北山型」である（図30）。その分布範囲は那珂川以南から筑波山東部、霞ヶ浦・北浦北岸にまでおよぶ。さらに、千葉県北部にまで分布範囲が拡大する可能性も指摘されている

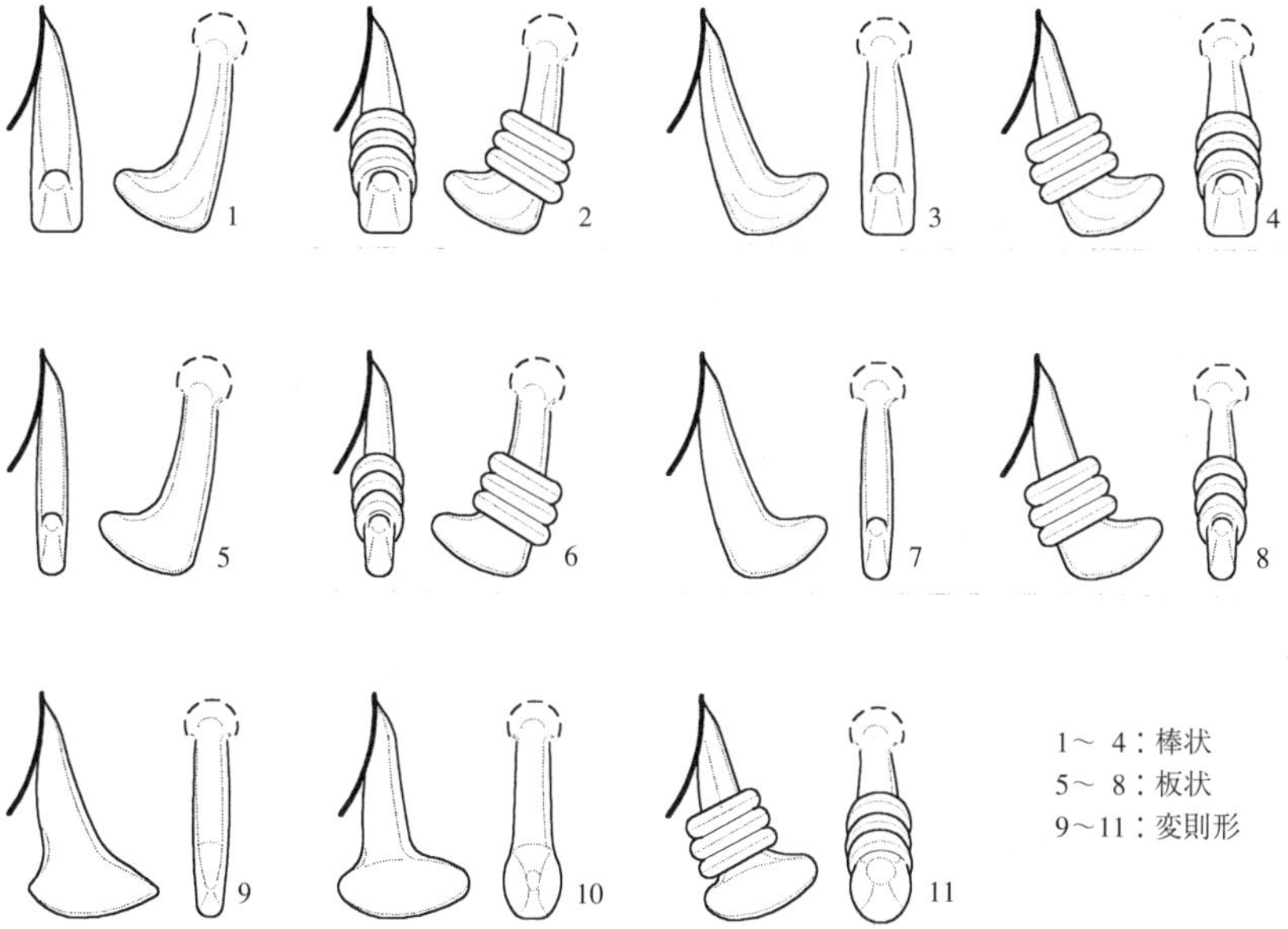

図29　ホッケースティック形美豆良表現各種模式図

（図31）。定形化するのは六世紀前葉頃かと思われるが、県内では埴輪の終焉まで主導的役割を果たした拠点的専門工人集団によって製作されたものである。

　先行する五世紀末葉～六世紀初頭にかけては杉崎八七号墳出土例のようにナデ調整を主体とし、稚拙な人物埴輪を製作する一群がみられる。栃木県桑五七号墳出土例などに類似した様相を呈し、「小幡北山型」に特徴的な朝顔形円筒肩部における円形透孔がみられないことなどから、「小幡北山型」の祖形とはならない可能性が高い。さらに、杉崎古墳群周辺にはその系譜を引くと考えられる埴輪がみられることから、中央部には「小幡北山型」に先行して出現し、その後一定期間継続した非「小幡北山型」が存在した可能性もある。しかし、断片的な資料しか得られていないことから、非「小幡北山型」の人物埴輪群の特徴については詳細不明である。

　これに対し「小幡北山型」は類例が多く調査されている。その特徴としては、①全身立像は上下を別々に製作・焼成し、樹立時に組み合わせる「分離成形」である（図30-1・2）。②全身立像の台円筒は横断面隅丸方形

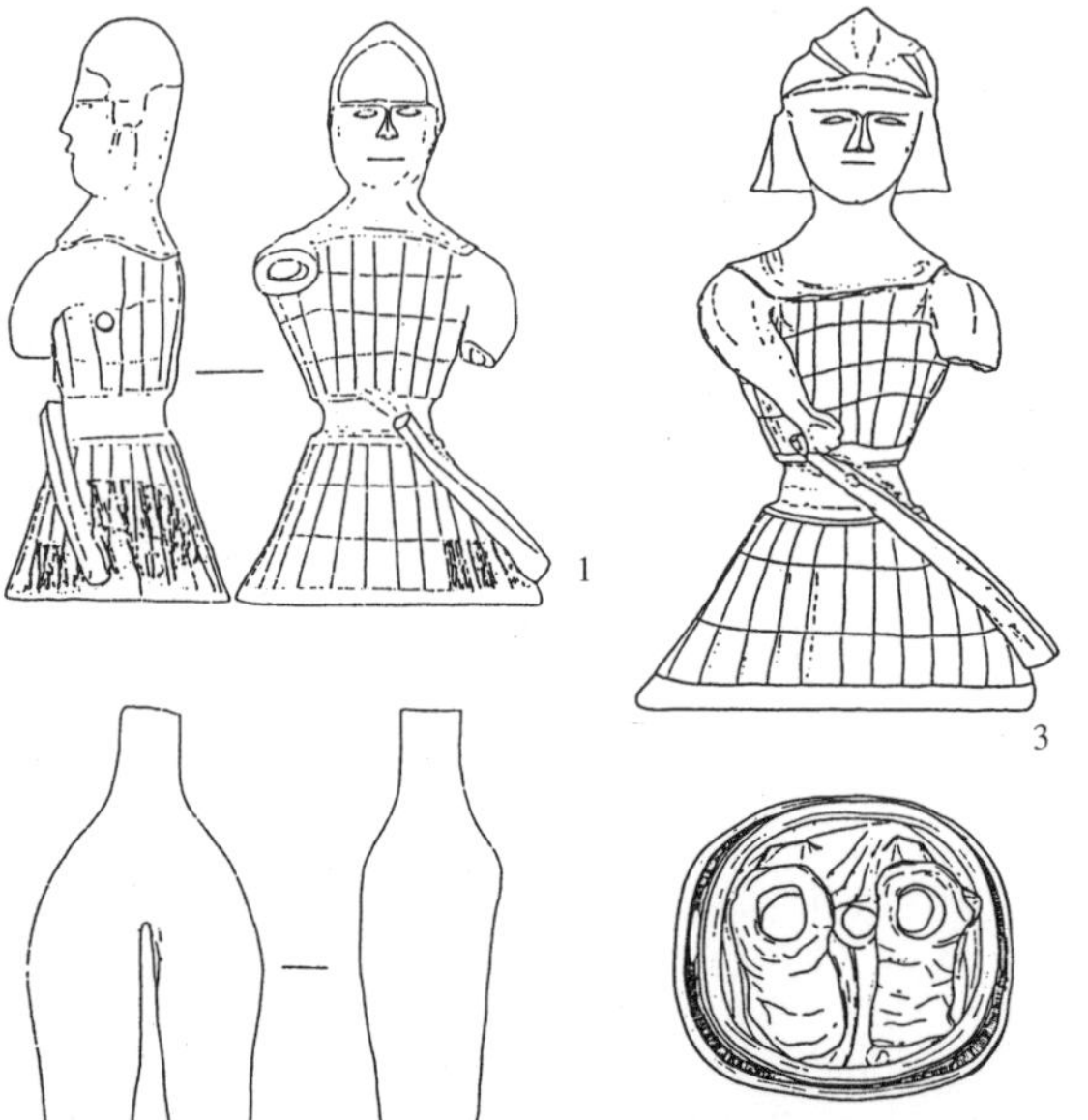

1〜 3：玉里舟塚古墳　4・5：北屋敷古墳

図30　「小幡北山型」人物埴輪

を呈し、上部は半球形で頂部中央に小円孔を穿つ（図30-2・4）。③目に凸レンズ形と下弦凸レンズ形の二種類が存在するものの、目は大きく口は小さく細く切り取る。④腕は巻き上げ円筒成形。⑤体部外面はナデ調整を主体とする。⑥女子頭部は円筒成形で、これを閉塞するように粘土板を被せて髷とする。⑦帯や襷を断面台形の突帯で表現する。⑧男子の丸帽に突帯状の鍔が表現される。⑨武装男子の挂甲札は格子状線刻によって表現され、粘土帯貼付引き伸ばし成形による「立体的頸甲」表現もみられる（図30-1・3）。また、脚部は下に向かって徐々に細くなる円筒形で、踵・踝表現を伴う（図30-2）。

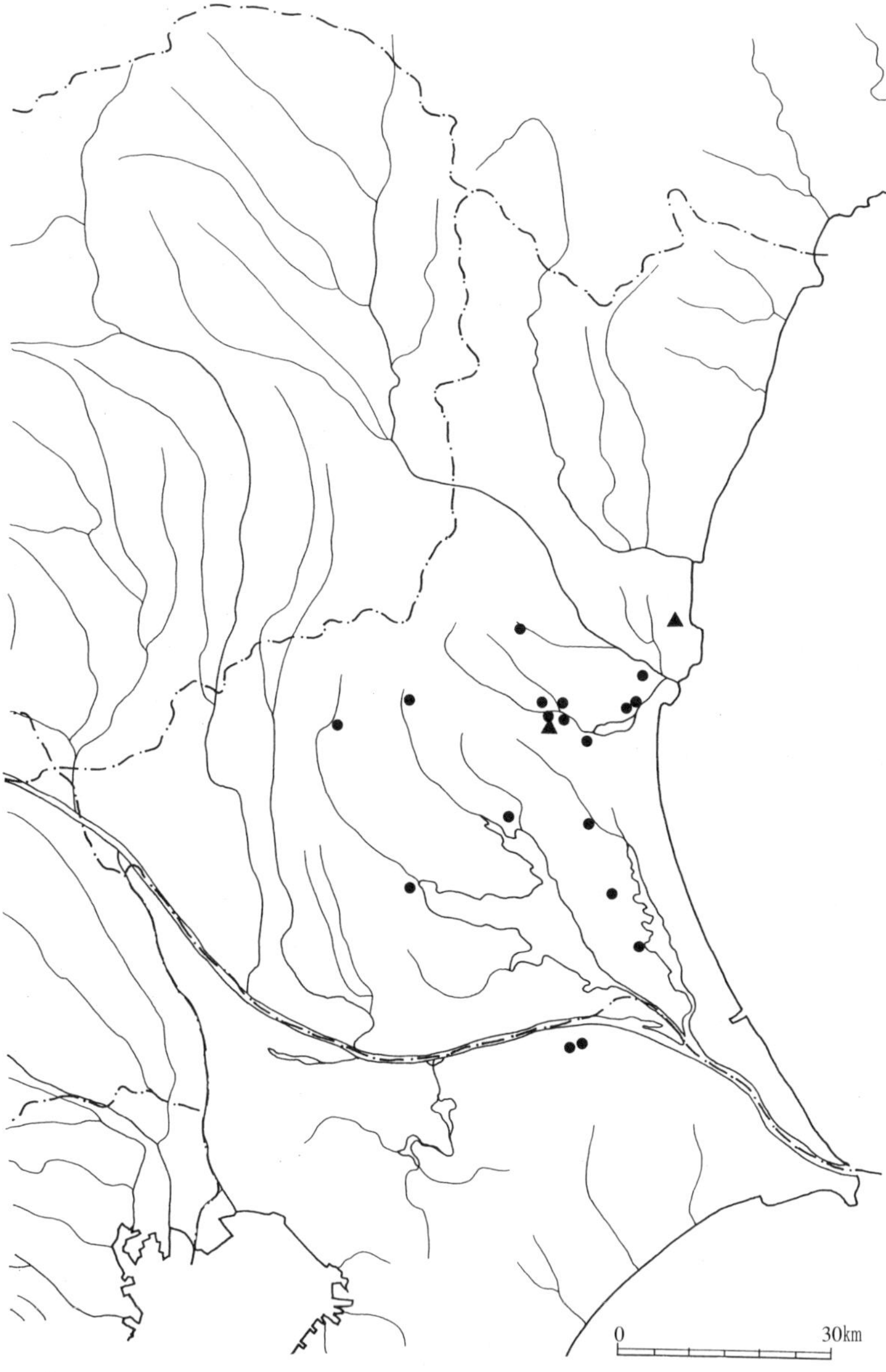

図31　「小幡北山型」人物埴輪分布図

六世紀後葉になると北部同様大きな変化がみられ、「小幡北山系常陸型」が出現する（図32）。「小幡北山型」の工人集団によって製作されたと考えられることから②・③の特徴は残すものの、全身立像は「分離成形」から「一体成形」へ、腕は円筒形から差し込み式へ、体部外面はナデからハケ調整主体へ、女子髷平面形は方形から円形へと変化している。さらに、武装男子は姿を消し、替わって正装男子全身立像が登場してくる。三角巾形冠帽・ホッケーのスティック形美豆良・上衣の立体的襟表現などは「久慈系常陸型」と同じであるが、板状粘土板貼付による袖表現・三角形の鰭状に突出した袴表現・がに股状に開いた「O」脚などが特徴である。

南部地域の在地型人物埴輪

南部には可能性が指摘されているものはあるが、埴輪製作遺跡と確認されたものはない。また、北部・中央部のように六世紀前葉にまでさかのぼる「在地型人物埴輪」もみられない。ただし、この時期の人物埴輪そのものがみられないわけではない。

南部における「在地型人物埴輪」としては結城市林出土の武装男子(東京国立博物館蔵)を代表とする「林型」、取手市市之代三号墳出土例を代表とする「市之代型」、真壁郡関城町西保末出土正装男子全身立像(東京国立博物館蔵)を代表とする「西保末型」などがある。そのなかで初現になると思われるのが「林型」である（図33-1）。その特徴としては、①顔面成形が頭部内面からのわずかな押し出しの後「鋤先形」の粘土板を貼付し輪郭を丁寧にナデる、②垂下帯を伴う「L」字形屈曲下げ美

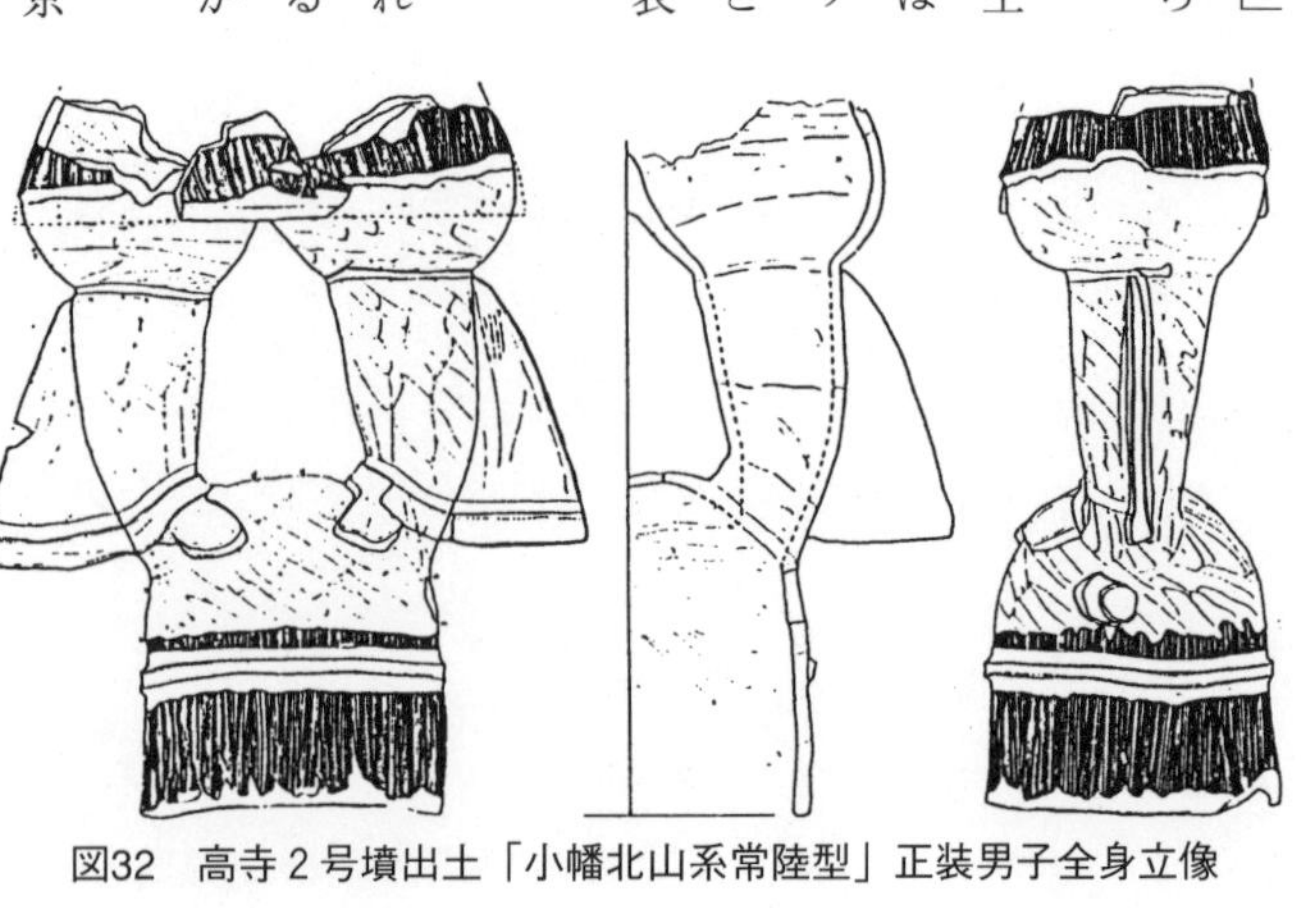

図32　高寺２号墳出土「小幡北山系常陸型」正装男子全身立像

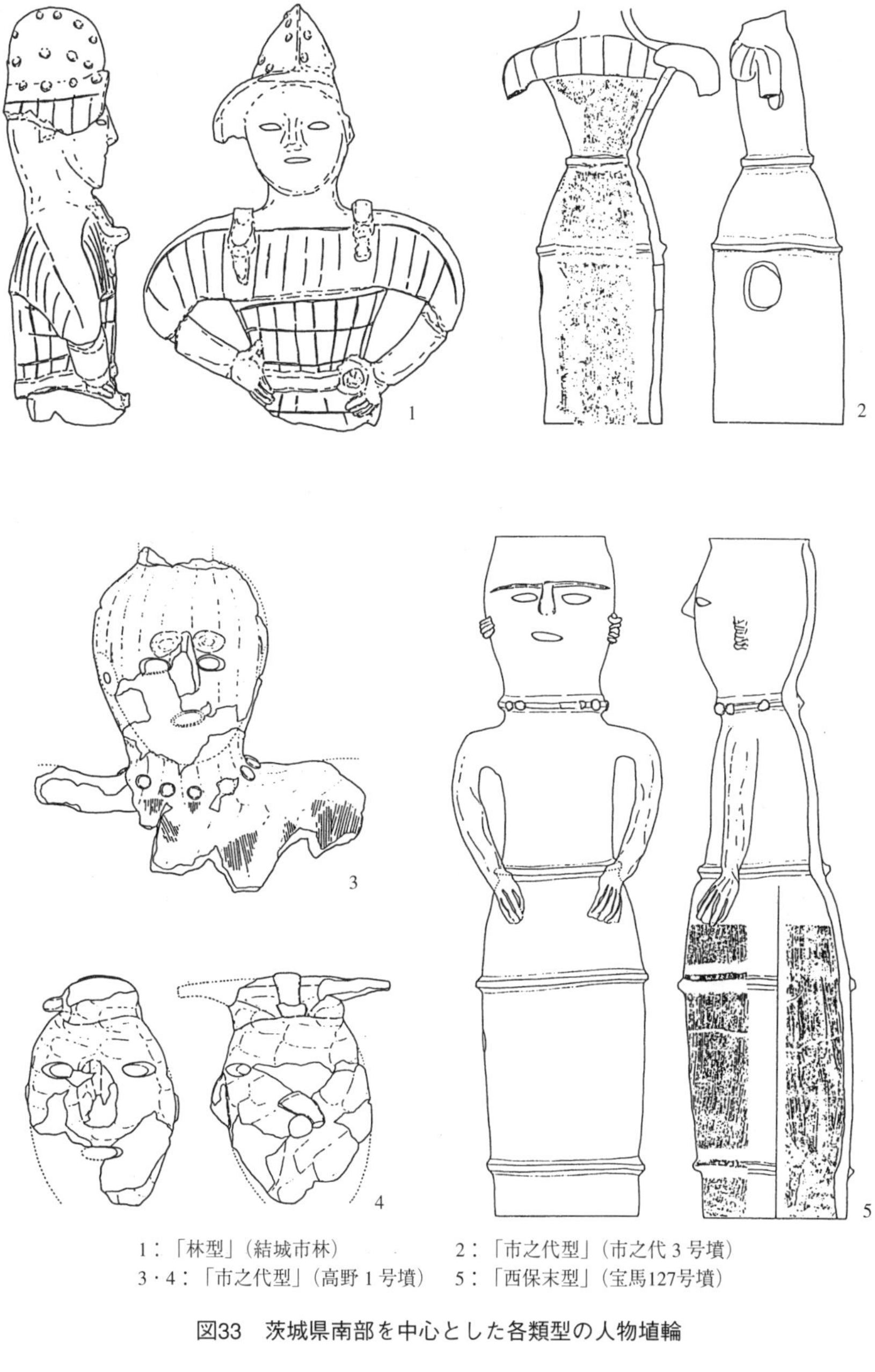

1：「林型」（結城市林）　　2：「市之代型」（市之代３号墳）
3・4：「市之代型」（高野１号墳）　5：「西保末型」（宝馬127号墳）

図33　茨城県南部を中心とした各類型の人物埴輪

豆良表現、③線刻による札表現を伴う「立体的肩・頸一体成形甲」表現などがあげられる。②にみられる特徴から「林型」は六世紀中葉に成立したと考えられる。

千葉県龍角寺一〇一号墳などにもみられる「市之代型」（図33-2～4）の特徴としては、①顔面成形は、細長頭部に中膨らみとなる「鋤先形」の粘土板を貼付しただけで、輪郭は未調整のまま板状に突出する、②札表現が省略された「立体的肩・頸一体成形甲」表現などがあげられる。「立体的肩・頸一体成形甲」の札表現が省略されていることから、「林型」に後出し、六世紀中葉後半頃と考えられる。

これに対し「西保末型」は、①頭部がなく、頭部全体を内面からの押し出しによって球形にし、顔面成形用の粘土貼付は行わない、②全身立像では下半身に比べ上半身が極端に細身に成形される、③ホッケーのスティック形下げ美豆良表現、④断面山形紐に円形粒疎垂下の首飾り表現、⑤線刻による縦縞模様を施した「立体的肩・頸一体成形甲」表現などがあげられる。①の特徴を有する人物埴輪を出土している古墳としては、下館市女方三号墳・結城郡八千代町白山塚古墳・同町城山古墳群・土浦市愛宕神社古墳・新治郡千代田町粟田石倉古墳のほか、千葉県香取郡小見川町城山五号墳・山田宝馬一二七号墳出土例（図33-5）などがあることから、六世紀後葉後半以降に出現するものと思われる。また、これら「西保末型」の人物埴輪には共通した表現として正装男子における三角巾形冠帽、ホッケーのスティック形下げ美豆良、立体的襟表現、女子における後頭部に偏って閉塞貼付された円形髷と立体的櫛貼付、断面崩れた台形あるいは山形の紐を貼付した首飾りなどが多くみられる。

特異な表現である「立体的肩・頸一体成形甲」が共通してみられることや、出現時期に若干の差がみられること、さらに「市之代型」・「西保末型」ともに胎土に雲母を含むことなどから、「林型」を祖形とし同一工人集団が「市之代型」→「西保末型」へと変化していった可能性が高い。

なお、南部地域には千葉県北部で盛行した「下総型」や「山武型」もみられるが、これについては千葉県北部・中央部で述べることとする。

第二節　千葉県の人物埴輪

千葉県は旧鬼怒川中・下流域から印旛・手賀沼周辺の北部、山武郡を中心とした中央部、東京湾に面した南部にわけられるが、茨城県北部・中央部でみられたような拠点的製作遺跡は確認されていない。

北部地域の在地型人物埴輪

北部でも古利根川に面した北西部では、流山市東深井古墳群出土例のように、六世紀前葉頃までは埼玉県東部の工人集団によって製作されたと考えられる埴輪が供給されている。同様な現象は東京都の元荒川下流域にも認められることから、古利根川・元荒川下流域に位置する地域では「在地型人物埴輪」を製作する工人集団は成立しなかったものと思われる。

北部の「在地型人物埴輪」としては代表的な「下総型」のほか、首飾り・帯・襷などをすべて突帯によって表現する「突帯多用型」、首飾り・襷の表現に突帯を用いない「非突帯多用型」などが存在する。「非突帯多用型」には龍角寺一〇一号墳も含まれることから、茨城県南部の「市之代型」と同型ということになろう。盛行期間については特定できないが、龍角寺一〇一号墳出土例などを初現期と考えれば、六世紀中葉頃に成立した可能性が高い。

一方「突帯多用型」には、六世紀前葉〜中葉頃の築造と考えられている正福寺一号墳出土例を代表とする①全体に稚拙な技術による製作、②粗雑なハケ調整、③幅広のわりに突出度が弱く帯状を呈する首飾り表現となる「正福寺型」や（図34-1）、東葛飾郡沼南町原一号墳出土例のような①全体にていねいなナデ調整、②各部の突帯表現が整った突出度の強い断面台形、③首飾りは粘土粒重ね貼付となる「沼南町型」、我孫子市久寺家古墳出土例を代表とする①女

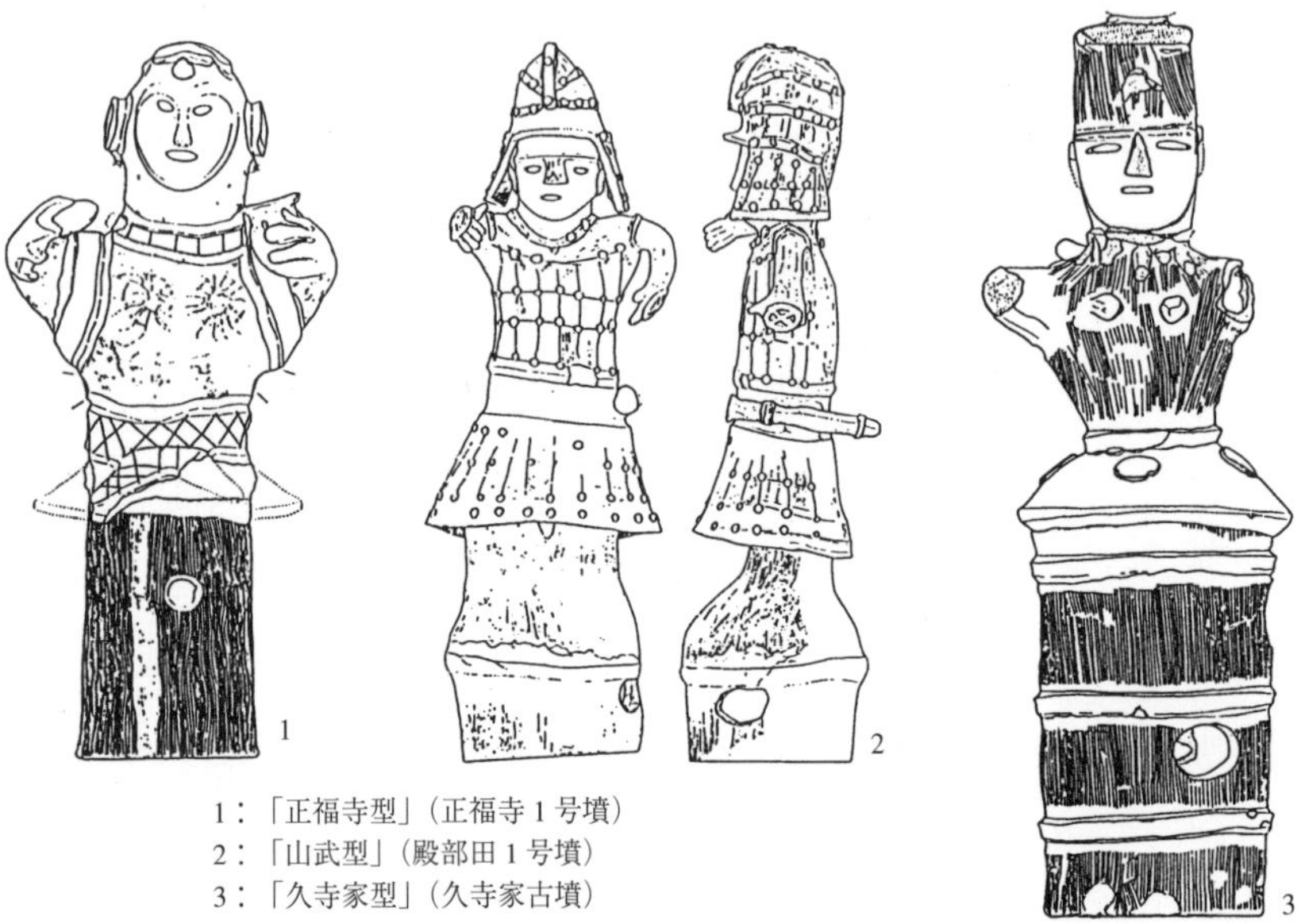

1：「正福寺型」（正福寺１号墳）
2：「山武型」（殿部田１号墳）
3：「久寺家型」（久寺家古墳）

図34　「突帯多用型」人物埴輪

子の頭部は円筒化成形、②眉は一文字形粘土紐貼付引き伸ばし成形に定形化、③首飾りの突帯が断面崩れた台形で玉類は垂下貼付、④半身像台円筒多条突帯となる「久寺家型」（図34-3）などがある。突帯を多用するというきわめて在地的な特徴を有することや、「沼南町型」と「久寺家型」には腰部に円盤を垂下するという特異な表現が共通してみられることなどから、これらは同一系譜上の工人集団による製作で、「正福寺型」→「沼南町型」→「久寺家型」と変化していったのではないかと考えられる。

このように考えると、北部での在地工人集団は正福寺一号墳段階で成立したことになるが、正福寺一号墳に先行する成田市瓢塚三二号墳出土例をみると、腕の成形などに顕著な違いはみられるものの、全体が稚拙で粗雑な調整であることや上衣裾が極端に強く下方に突出すること、台円筒の突帯が省略されていることなどの共通点もみられることから、瓢塚三二号墳段階で在地工人集団が組織され、正福寺一号墳段階から在地色が顕在化していった可能性が高い。

このような「突帯多用型」と「下総型」を比較すると、女子頭部における円筒形成形・一文字形眉・粗雑な目や口の穿孔・突帯に円形粒を垂下する首飾り表現など、「下総型」の諸特徴の多くが「久寺家型」と共通していることがわかる。したがって、「下総型」が六世紀後葉以降に盛行することを考えると、「下総型」は「久寺家型」の系譜を引く「突帯多用型」の最終段階であったと考えられる。

中央部地域の在地型人物埴輪

中央部には、北部の正福寺一号墳出土例にみられたような「突帯多用」人物埴輪が殿部田一号墳から出土している（図34-2）。全体に粗雑な調整で表現も稚拙であることから、「突帯多用型」の系譜上に位置するものと思われる。ただし、頭部が内面からの強い押し出しによって大形に成形されることや、器種に正座女子や格子状線刻の交差点に粘土粒を貼付する挂甲札表現を伴う武装男子が存在することが特徴である。同様な特徴を有する埴輪は小川台五号墳・木戸前一号墳など山武郡を中心とした地域の複数の古墳にみられることから、「山武型」と呼ぶことができよう。さらに、木戸前一号墳からは「突帯多用型」に属する原一号墳・久寺家古墳にみられる腰部への円盤垂下表現がみられることから、「突帯多用型」の影響を受けた「突帯多用系山武型」となるのかもしれない。これら「突帯多用系山武型」の盛行時期については明確にできないが、「突帯多用型」との関係を考えると六世紀中葉～後葉頃と考えられる。

ところで、中央部で代表的な古墳のひとつである殿塚古墳からは眉・目・口・鼻・首飾りの表現が木戸前一号墳出土例ときわめて類似した盾持人と思われる頭部が出土している。各部表現の類似性から同一工人集団による製作の可能性が高いことから、殿塚古墳は木戸前一号墳とほぼ同時期かわずかに後出するものと考えられる。しかし、その一方で、殿塚古墳からはそれまでの「突帯多用系山武型」にはみられなかった三角巾形冠帽を被る正装男子全身立像や、円形髷と額に立体的な櫛表現を行う女子なども共存しており、この現象は殿塚古墳に続くと考えられる姫塚古墳・経僧塚古墳にも認められる。したがって、「突帯多用系山武型」は六世紀後葉頃に大きく変化した可能性が高いことに

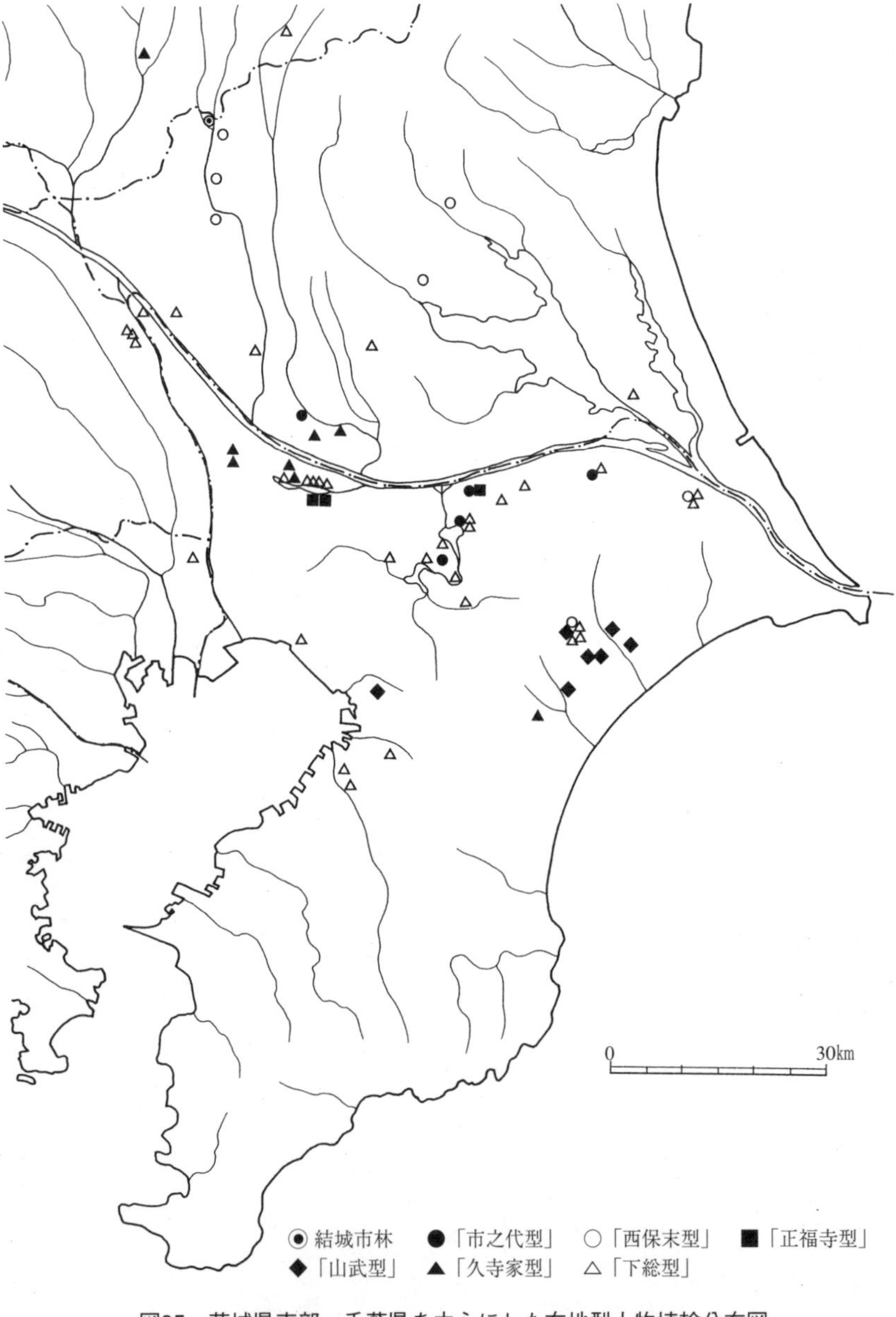

図35　茨城県南部・千葉県を中心にした在地型人物埴輪分布図

なろう。

南部地域の在地型人物埴輪

南部については、埴輪を樹立する大形墳が継続して築造されていたにもかかわらず、顕著な特徴を示す「在地型人物埴輪」は出現してこない。この背景には、中・小形墳における埴輪そのものの継続的需要がなかったことがあげられよう。したがって、六世紀後葉以降かと思われる更和塚田古墳出土例などにその可能性は認められるものの、在地の工人集団が独自の技術体系を確立するまでにはいたらなかった可能性が高い。

第三節　栃木県の人物埴輪

栃木県は鬼怒川・渡良瀬川など大きな河川が南北方向に流れており、その流域ごとに古墳がまとまってみられる。このような地理的環境や人物埴輪を出土する古墳の分布状況などから、鬼怒川以東の小貝川流域を中心とした東部、田川・思川水系を中心とした中央部、渡良瀬川水系の西部と三地域にわけられよう。

東部地域の在地型人物埴輪

東部では六世紀前半以前の人物埴輪がきわめて少ない。これは、この時期の埴輪樹立古墳そのものが少なかったためであろうか。このようななかで、六世紀中葉頃になると二宮町上大曽炭焼出土例(東京国立博物館蔵)や亀山大塚古墳出土例などがみられるようになる。二宮町上大曽炭焼出土例は成形・表現ともに群馬県の影響が強くみられるが、亀山大塚古墳出土例をみると、全体にナデを主体とした調整や顔面成形における顎輪郭のシャープなナデ調整、不明瞭な眉・細長い凸レンズ形の目・口・環状粘土紐ナデ貼付による耳朶表現などは二宮町上大曽炭焼出土例の特徴と共通するが、頭部が内面からの強いナデ押し出しによって球形に成形されていることや、男子の美豆良に垂下帯が表現されないなどの違いがみられる。二宮町上大曽炭焼出土例は群馬色が強い人物埴輪であることから考えると、亀山大塚古墳の段階で在地色が加わり、在地系の埴輪製作専門工人集団が成立したのではないかと考えられる。ただし、茨城県や千葉県でみられたような顕著な在地的特色は出現しなかった可能性が高い。

これに対し、六世紀中葉後半～後葉前半頃と考えられる鶏塚古墳出土例をみると、目の一部や女子髷の形態・貼付方法に亀山大塚古墳出土例からの系譜を残すものの、それまで特徴的であった不明瞭な眉は粘土紐貼付によって明瞭に表現され、幅が狭く小さな鼻も大形の二等辺三角形へと変化し、目や口の形態にも隅丸凸レンズ形が加わるようになる。さらに全体がハケ主体の外面調整となり、頭部成形も球形の膨らみはなくなり、顔面は平坦に成形されるようになっている。したがって、亀山大塚古墳の人物埴輪製作を契機に出現した在地色は、鶏塚古墳の段階で一層顕在化したものと考えられる。ただし、類例がほとんどみられないことから、継続的な製作を行っていたかは不明である。

中央部地域の在地型人物埴輪

中央部には小山市飯塚埴輪製作遺跡が確認されているが、操業時期や生産規模についてはほとんど不明である。したがって、南北に広い中央部に分布する埴輪群がすべてこの製作遺跡から供給されたかどうかはわからない。中央部にも桑五七号墳以降飯塚三一号墳出土例（図46）のように在地工人により製作されたと考えられる人物埴輪はみられるが、在地色を顕在化させるまでにはいたっていない。

このような傾向は六世紀後葉以降にも継続するが、そのようななかで下都賀郡壬生町安塚出土例（東京国立博物館蔵）のような半球形鍔付き丸帽を被り、下弦レンズ形の垂れ目表現を特徴とする正装男子全身立像や、下都賀郡藤岡町昌永塚出土例にみられる前向き棒状逆「T」字形美豆良表現など在地色が濃いものもみられるようになる。

西部地域の在地型人物埴輪

西部には佐野市唐沢山ゴルフ場埴輪製作遺跡があり、一二基の窯跡が確認され一〇基が調査されている。確認できたのはすべて六世紀後半代の窯跡ではあるが、西部における埴輪の盛行期が六世紀後葉以降であることを考えると、唐沢山ゴルフ場埴輪製作遺跡が当該地域における最大の製作拠点であったと思われる。

中央部より群馬県に近い西部では、群馬県からの影響はさらに強く、六世紀中葉頃まで「在地型人物埴輪」は出現していない。この背景には、隣接地に群馬県東部で最大規模を誇る太田市内の埴輪製作遺跡群があったためと考えられる。

六世紀後葉頃になると熊野山古墳群出土例のように群馬県から直接供給された可能性の高い人物埴輪群が県境の足利市を中心に出現してくると同時に、群馬県からの強い影響を受けてはいるものの、明確な地域色を有する一群もみられるようになる。この一群の非群馬的特徴としては、まず全体的に黄褐色を呈することがあげられる。目は顕著な下弦凸レンズ形を呈し、鼻には両側中央が括れる二等辺三角形が多い。また、熊野山古墳群出土例などにみられる立体的襟表現がほとんどない。男子の被り物は鍔付き丸帽が一般的で、帽子は半球形を呈し顕著な横ハケ調整を施す。そして武装男子も含め棒状逆「T」字形美豆良が多くみられることなどがあげられる。これらの特徴を有する人物埴輪は壬生町安塚・飯塚古墳群出土例などにも認められることから、栃木県中央部以西に広く分布していることがわかる。また、壬生町安塚出土例と酷似した表現の鍔付き丸帽を被る男子が唐沢山ゴルフ場埴輪製作遺跡から出土している（図36）。帽子の高さや目の角度、鼻の形態などに若干の違いがみられることから同一工人とは断定できないが、同一工人集団による製作の可能性がきわめて高い。これらを「唐沢山型」と呼ぶとすると、西部の唐沢山ゴルフ場埴輪製作遺跡で製作された「唐沢山型」人物埴輪は中央部にまで供給されていたことになろう（図37）。あるいは、中央部にも飯塚埴輪製作遺跡が

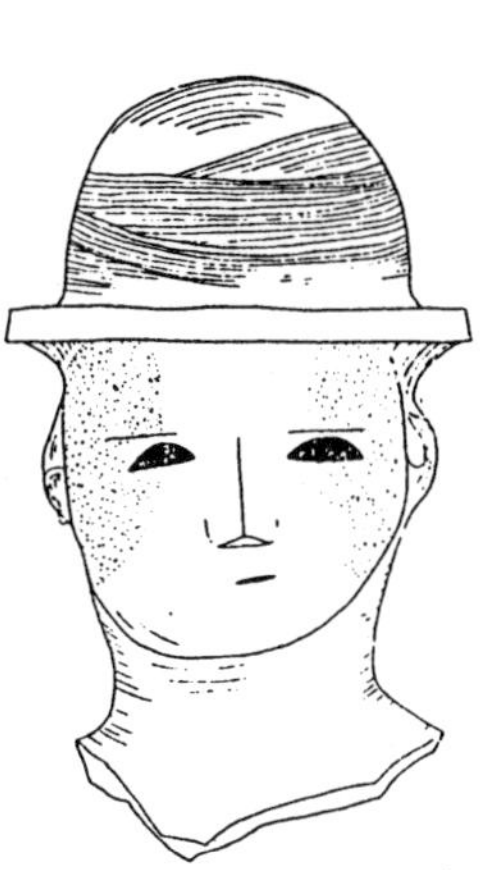

図36　唐沢山ゴルフ場埴輪製作遺跡出土の「唐沢山型」人物埴輪

存在することから、唐沢山ゴルフ場埴輪製作遺跡の工人集団が飯塚埴輪製作遺跡など中央部に移動して製作した可能性も考えられる。また、「唐沢山型」には中央部の小山市飯塚・壬生町安塚、西部の佐野市犬伏町車塚・中山八号墳出土例などにみられる横矧板衝角付冑を目深に被る武装男子全身立像も特徴的な器種として含まれる。

このほか、群馬県からの直接的供給があったと考えられる足利市内においても、六世紀末葉頃には明神山五号墳出土例のようなきわめて在地色の強い耳朶・耳孔表現などがみられる。さらに同市西宮町織姫神社境内古墳からは人物埴輪ではないが、一本の台円筒に二枚の盾を載せ、表裏ともに正面となる特異な形態の盾形埴輪が出土している。これらの表現・形態は他地域に類例がみられないことから、群馬県にもっとも近い足利市内においても、六世紀末葉頃になると独自の埴輪を製作する工人集団が短期間成立したものと考えられる。

第四節　群馬県の人物埴輪

群馬県は、人物埴輪の出現から終焉までその主導的地位を保持した地域であることから、製作された人物埴輪すべてが独自の技術体系による「在地型人物埴輪」ということになる。そのため群馬県については、その変遷過程を概観することにする。

西部と中央部以東との違い

まず、群馬県内で確認されている埴輪製作遺跡についてみると、東部の太田市駒形神社埴輪製作遺跡・同市金井口埴輪製作遺跡・同市成塚住宅団地埴輪製作遺跡、西部の藤岡市本郷埴輪製作遺跡・同市猿田埴輪製作遺跡・富岡市下高瀬上之原埴輪製作遺跡と東西二地域に偏っており、広瀬川流域を中心とした中央部では現在までのところ確認されていない。遺跡規模を考えると、東部では太田市内の埴輪製作遺跡群、西部では藤岡市内の本郷埴輪製作遺跡・猿田

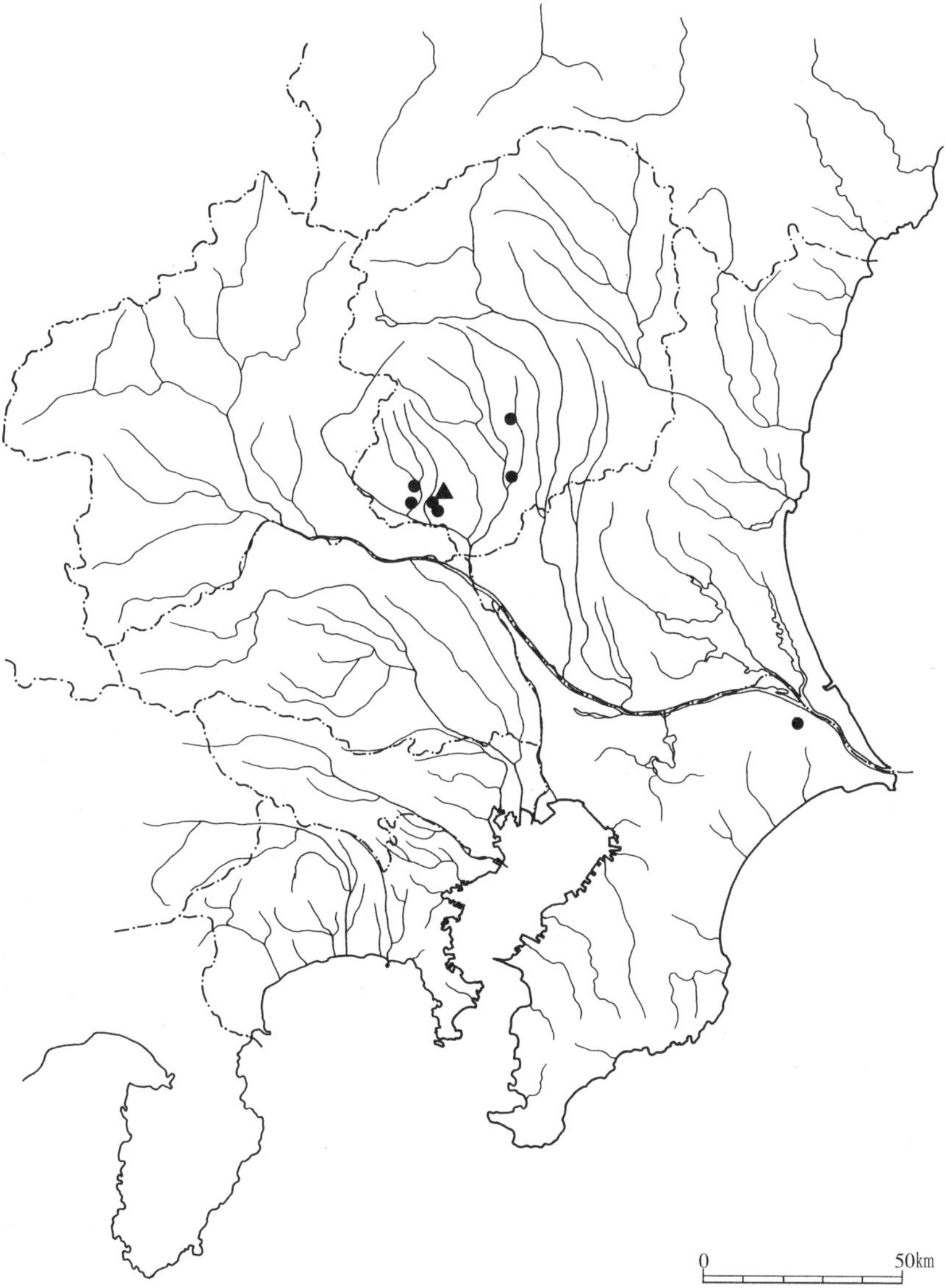

▲ 唐沢山ゴルフ場埴輪製作遺跡

図37　「唐沢山型」人物埴輪分布図

埴輪製作遺跡が拠点となっていたと考えられる。

藤岡市内の埴輪製作遺跡からは利根川以西のほか、中央部北側の赤堀町周辺にまで埴輪が供給されていたことが指摘されている（図38）。これに対し、太田市内の埴輪製作遺跡からの供給範囲は明確になっていないが、西部の状況からみて中央部南側までを供給範囲としていた可能性が高い。さらに、隣接する栃木県内への供給も行っていたと考えられている。

群馬県の人物埴輪は、その出現期から耳飾りにおける紐垂れ下がり表現や首飾りにおける断面楕円形紐への重ね貼付・垂下貼付表現、二連複合形首飾り、断面台形突帯による帯表現、美豆良における円柱状逆「Y」字形・垂下帯付ホッケースティック形表現、そして意須比における輪郭帯貼付内側引き伸ばし調整など畿内にはみられない表現を独自に創出している。しかし、これら初期の人物埴輪の資料が西部に多く偏っているのは、この時期東部・中央部に保渡田古墳群のような多量の人物埴輪を樹立する大形墳がみられないことが最大の原因である。そのため、古海松塚一一号墳のように初期人物埴輪は出土するものの、盛行していないのである。また、このことが、その後の群馬県における人物埴輪の流れを規程したものと思われる。

東部と西部の交流

六世紀代に入ると、剛志天神山古墳出土例のように、中央部以東でも人物埴輪を多量に樹立する例が増加してくる。剛志天神山古墳出土例をみると、女子の意須比表現や台円筒の太く短い形態などは保渡田八幡塚古墳出土例と同一であり、胡座男子全身像も箱形の台に乗るなど共通点が多くみられる。しかしその一方で、椅座弾琴男子における台が円筒形となるなど新しい要素もみられるようになる。また、首飾りにおいても紐が省略された組合わせ形が剛志天神山古墳出土例を初現とし、その後盛行するようになる。したがって、剛志天神山古墳出土例は初期人物埴輪の系譜を引きながらも新しい形態や表現を作り出すことで、その後の六世紀前葉～中葉における人物埴輪の祖形になったと考

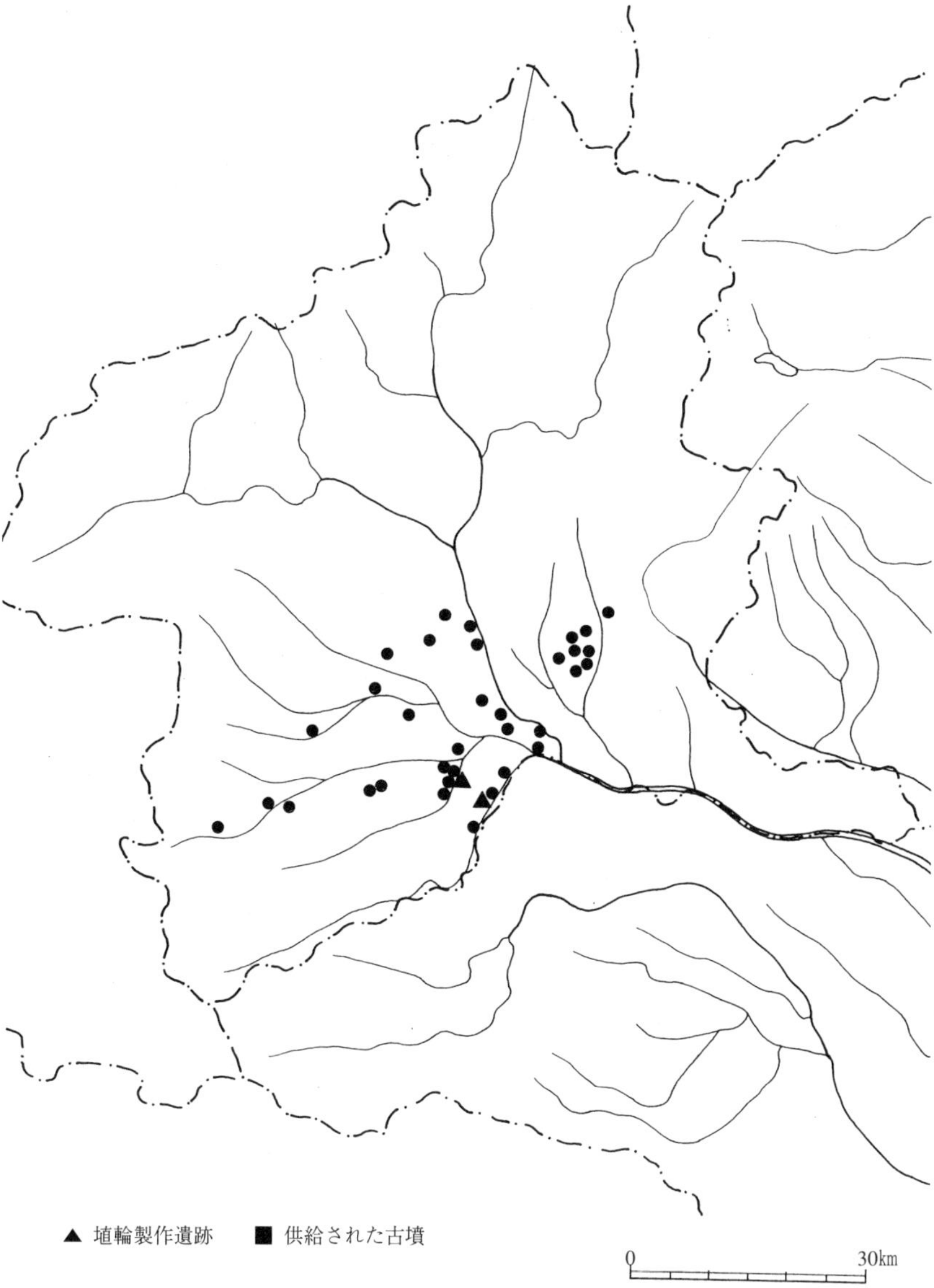

図38　本郷・猿田埴輪製作遺跡埴輪供給先分布図
（志村哲作図を一部改変）

えられる。この時期、椅座女子において箱形台から円筒形台への過渡的形態を呈する大泉町古海出土例などにも、その後群馬県を中心に盛行する小粒密貼付耳飾り表現などが新たに出現している。

剛志天神山古墳出土例以降東部を中心に小形の帆立貝形前方後円墳にも数多く人物埴輪が樹立されるようになるが、その代表例が塚廻り古墳群である。女子のなかには意図的な作り分けによる格差がみられる（図21）ようになり、意須比は輪郭紐貼付両側ナデ調整を経て幅広帯立体貼付（図20-4）へと定形化している。男子ではこの時期頭部表現に星形双脚輪状文形鐸（図7-4）が出現する。また垂下帯付美豆良表現はいぜんとして盛行しており、保渡田八幡塚古墳出土例にみられるホッケースティック形の形骸化表現と思われる「L」字屈曲形（図7-4）が出現する。垂下帯付「L」字屈曲形美豆良の最も形骸化した表現は円柱形に突起がついたような神保下條二号墳出土例と考えられることから、六世紀中葉後半頃には東西両地域で表現上の交流があったことがうかがえる。この時期の東西交流については、東部の塚廻り四号墳と西部の上芝古墳でともに下端部有段チューリップハット形帽子を被る男子が出土しており、さらに連続刺突による縫い合わせ目表現を施す装具を身につけていることなどからも想定される。ただし、塚廻り古墳群が先行することから、東部から西部へ伝播した表現方法もあったのかもしれない。なお、連続刺突による縫い合わせ目表現は保渡田Ⅶ遺跡出土例を初現とするが、群馬県では綿貫観音山古墳出土例など六世紀後葉以降の大形精巧人物に多用されている（図3-2・図16）。人物のほか馬の頭絡などの革紐部や鞍褥などにも認められるが、いずれも連続刺突のみが古く、沈線に連続刺突を施す一群は高塚古墳出土例（図3-1）など六世紀後半代に出現してくるようである。いずれにせよ剛志天神山古墳の出現を契機として、その後東部では輪郭紐両側ナデ貼付や幅広帯貼付による意須比表現や、「L」字屈曲形美豆良など新たな表現を創出していることから、六世紀初頭～前葉前半にかけて独自の表現方法を確立した工人集団が東部でも組織され、本格的な埴輪製作が開始されたのではないかと考えられる。

上芝古墳から高塚古墳にかけての六世紀中葉後半になると、富岡五号墳出土例のような半身像における細長い台円筒が顕在化してくる。また、折返し中空方形髷や立体的襟表現が新たに出現してくる。この表現方法はその後の綿貫観音山古墳出土例（図16）へと継承されるが、この段階で髷は方形から隅丸方形へと形態が変化している。類例は伊勢崎市豊城町横塚出土の大形全身立像にも認められることから、綿貫観音山古墳以降に折返し中空隅丸方形髷表現が西部から中央部以東へ伝播したことになろうか。また、六世紀後葉以降群馬県ばかりでなく関東地方各地で盛行する立体的襟表現（図39）に関しても、初現を富岡五号墳あるいは藤岡市七輿山古墳出土例のいずれに求めたとしても西部で出現した表現であることにかわりはない。さらに、立体的襟表現とともに関東全域で盛行する結紐表現や、群馬県に特徴的な文様となる蕨手状文・沈線組合わせ連続刺突による縫い合わせ目表現などが同じ西部の高塚古墳出土例を初現としている（図3-1）。

このように考えると、六世紀初頭以降中葉前半までは東部・西部が密接な交流を保持しながらもそれぞれ独自の表現方法を展開していたが、中葉後半になると再び西部で創出された新たな表現方法が一方的に東部へと伝播していったのではないかと思われる。

続く六世紀後葉前半になっても西部の主導的立場は変わらなかったらしく、この時期出現してきたと考えられる男子の垂下帯なし紐巻き付け棒状ホッケースティック形美豆良（図29）や女子の円形髷、舌形粘土板貼付による立体的櫛表現（図16）、上衣結紐への円盤貼付などはいずれも綿貫観音山古墳出土例に初現がもとめられる。また、それまでの正装男子全身立像にはみられなかった袴の鰭状突起表現が、綿貫観音山古墳出土例では巻き付けという写実的な表現（図3-2）となって出現していることから、その後に盛行する鰭状突起付袴表現も綿貫観音山古墳出土例が初現となろう。

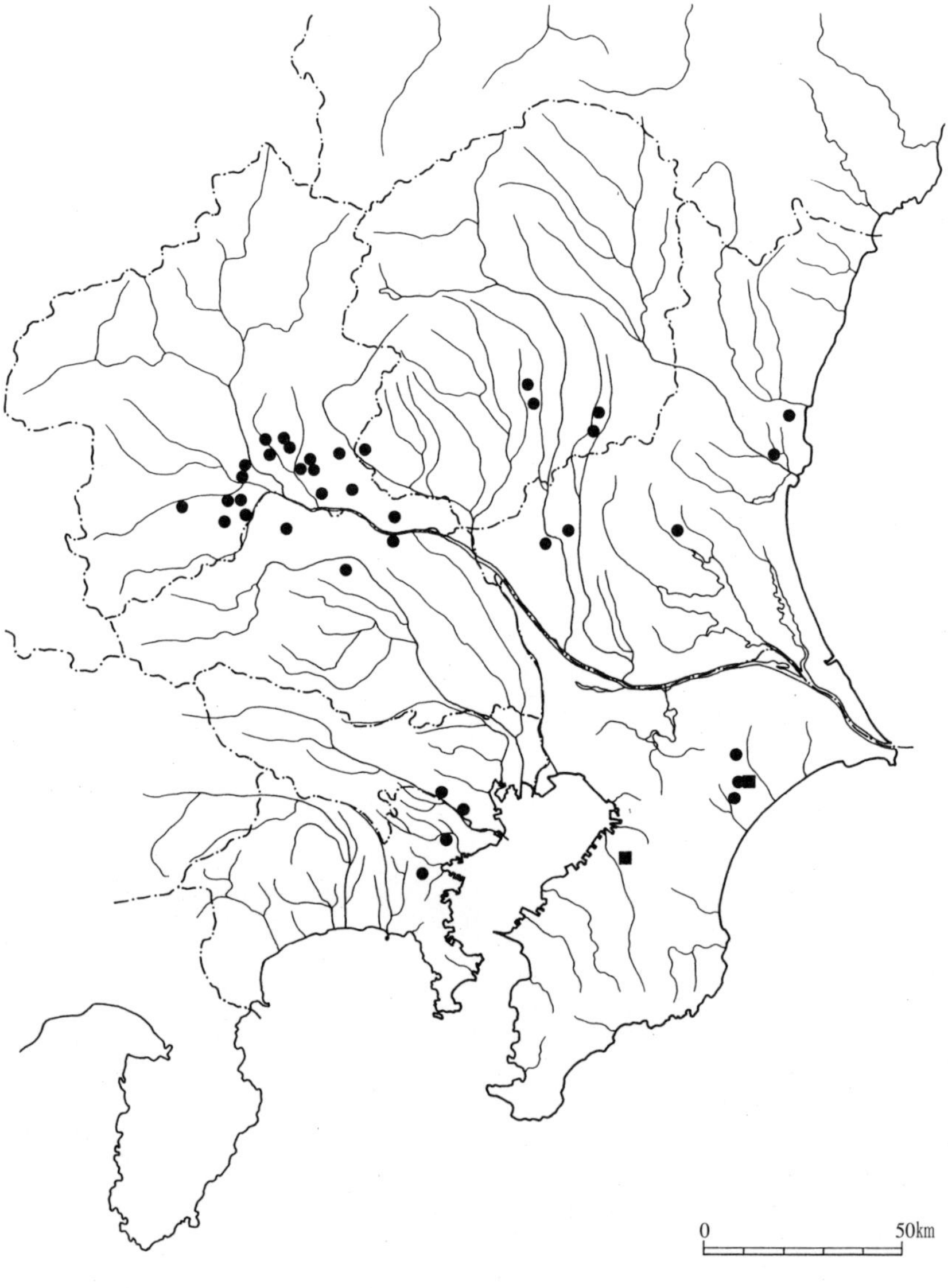

図39　立体的襟表現分布図

東部独自の技術体系

その一方で、伝播・影響を受けたと考えられる東部においても独自の技術体系を有する埴輪製作専門工人集団がすでに存在していることから、西部と同じ表現をとる人物埴輪を製作しながらも独自の技法・表現方法も堅持していたようである。具体例のひとつとしては、大泉町内出土の立花付冠を被る正装男子などにみられるような男子全身立像における紐のみ貼付による籠手表現があげられる。西部では高塚古墳以後も綿貫観音山古墳（図3）・藤岡市白石滝一九二六・同市本郷出土例など粘土板巻き付けで籠手を表現しているのに対し、東部では先行する時期には塚廻り四号墳出土例で粘土板巻き付け、下諏訪三号墳出土例では栃木県の「唐沢山型」の祖形になると思われる三角巾形粘土板貼付によって籠手を表現していたが、大泉町内出土例以降、わずかな例を除いてオクマン山古墳・太田市成塚・同市飯塚町内・伊勢崎市豊城町横塚出土例など正装・武装にかかわらず紐だけを貼付して籠手を表現している。これらは東部から中央部南側にかけて分布していることから、群馬県南東部に共通してみられる表現ということになる。

また、現在までのところ波志江町内（図11-1）・権現山所在古墳出土例など中央部の伊勢崎市内にのみ分布が確認されているだけであるが、三角巾形冠帽を被り垂下帯なし紐巻き付け棒状ホッケースティック形美豆良を下げ、立体的襟に結紐表現を伴い、湾曲しない直線的な腕をもち、鰭状に突出する袴表現の大形正装男子全身立像も、紐のみによる籠手表現などの共通性から群馬県南東部に特徴的な人物埴輪と考えられる。

このほか、大形正装男子全身立像と同様な分布状況を示すものに太田市成塚・同市飯塚町内・尾島町内・伊勢崎市安堀町内（文化庁蔵）・同市豊城町横塚出土例などにみられる大形挂甲着用武装男子全身立像があげられる。正確な出現時期は不明であるが、袴表現には鰭状突起がみられることなどから大泉町内出土例に後出し、綿貫観音山古墳出土例並行期以降の出現と考えられる。その特徴としては、横断面胴張隅丸長方形で上下端に突帯を配した台に載り、頬当てを下げた縦矧板鋲留衝角付冑を被り、湾曲しない直線的な腕には立体的な半袖が表現され、籠手は紐オサエ貼付で輪郭のみを表している。靫あるいは胡録を装備し、鞆を装着した左手には弓を持ち、右手は柄あるいは胡録にあてている。挂甲は写実的で、引合や裾は立体的に表現されている。きわめて完成度の高い定形化した表現であることから、特定の工人集団によってのみ製作されたものと考えられる。また、分布状況や製作技法・表現方法などの共通性からみて、三角巾形冠帽を被る大形正装男子全身立像・大形挂甲着用武装男子全身立像・大形女子全身立像は同一工人集団によって製作されていた可能性が高い。

第五節　埼玉県の人物埴輪

埼玉県では荒川水系と利根川流域に埴輪を樹立した古墳が多く、南東部には点在して分布している。群馬県同様古墳数が多い反面明確な分布上の偏在性がみられないことから、単純に大形河川を中心として地域を分割すると、埼玉県は利根川流域の北部、荒川以東で行田市埼玉古墳群以南の東部、荒川以西の西部と三地域にわけられる。

各地域の特徴と関係

いずれの地域においても製作遺跡が確認されている。とくに北部では深谷市割山埴輪製作遺跡・本庄市宥勝寺北裏埴輪製作遺跡・同市赤坂埴輪製作遺跡・児玉郡児玉町八幡山埴輪製作遺跡・同町蛭川埴輪製作遺跡・同郡美里町宇佐久保埴輪製作遺跡など、現在までのところ計六遺跡が確認されているが、未調査のものも多くそのほとんどが規模・操業時期ともに詳細が不明である。

西部では大里郡江南村姥ヶ沢埴輪製作遺跡・同村権現坂埴輪製作遺跡・東松山市桜山埴輪製作遺跡・比企郡吉見町和名埴輪製作遺跡と計四遺跡が確認されており、六世紀初頭～前葉の姥ヶ沢埴輪製作遺跡→六世紀中葉の権現坂埴輪製作遺跡→六世紀中葉以降操業の桜山埴輪製作遺跡の順で、時期ごとに製作地を移動させていたことがわかっている。

しかし、これらの製作遺跡を営んだのがすべて同一系譜上の工人集団であったかどうかは確認できていない。

これに対し東部では、鴻巣市馬室埴輪製作遺跡と生出塚埴輪製作遺跡しか確認されていない。馬室埴輪製作遺跡は六世紀後半代の操業と考えられているが、生出塚埴輪製作遺跡では埼玉古墳群への供給など六世紀代を通した長期間の操業が確認されている。馬室埴輪製作遺跡と操業期間が一部重複するが、両者の埴輪は同一の技術体系によって製作されていることから、生出塚埴輪製作遺跡を拠点とする工人集団が必要に応じて馬室埴輪製作遺跡に移動して埴輪を製作したのではないかとの指摘がある。したがって東部では生出塚埴輪製作遺跡が拠点であり、その工人集団が製作した「生出塚型」埴輪が主に供給されていたことになる。このように考えると、東部に分布の中心を置く成形・表現方法は「生出塚型」人物埴輪の特徴ということにもなろう。さらにその分布範囲は東部全域のほか西部の一部、千葉県南部、東京都、神奈川県、沼津長塚古墳など静岡県東部にまで及んでいる（図40）ことから、群馬県以外の地域では最大の埴輪製作工人集団であったと考えられる。

また、「生出塚型」埴輪の分布状況をみると、北部には供給されていなかったことがわかる。したがって、北部は「生出塚型」と異なる埴輪を製作していたことになろう。一方西部では姥ヶ沢埴輪製作遺跡以降継続して埴輪の製作が行われているが、同時に「生出塚型」も供給されていたことになろう。

人物埴輪出現期となる埼玉稲荷山古墳出土例をみると、「畿内型」成形・表現方法や群馬県からの影響と思われる表現のほかに、男子において美豆良がなく後頭部の垂髪のみとする表現や、断面楕円形紐に小形円形粒を連続して疎に重ね貼付する首飾りなど独自の表現もみられる。これらの表現はその後の「在地型人物埴輪」である「生出塚型」人物埴輪の特徴のひとつとして継承されていることから、埼玉県東部では出現期からすでに「生出塚型」の萌芽がみられたことになろう。

六世紀代に入ると、東部では「生出塚型」が定形化してくる。断面台形突帯のみ貼付による帯・上衣裾、男子にお

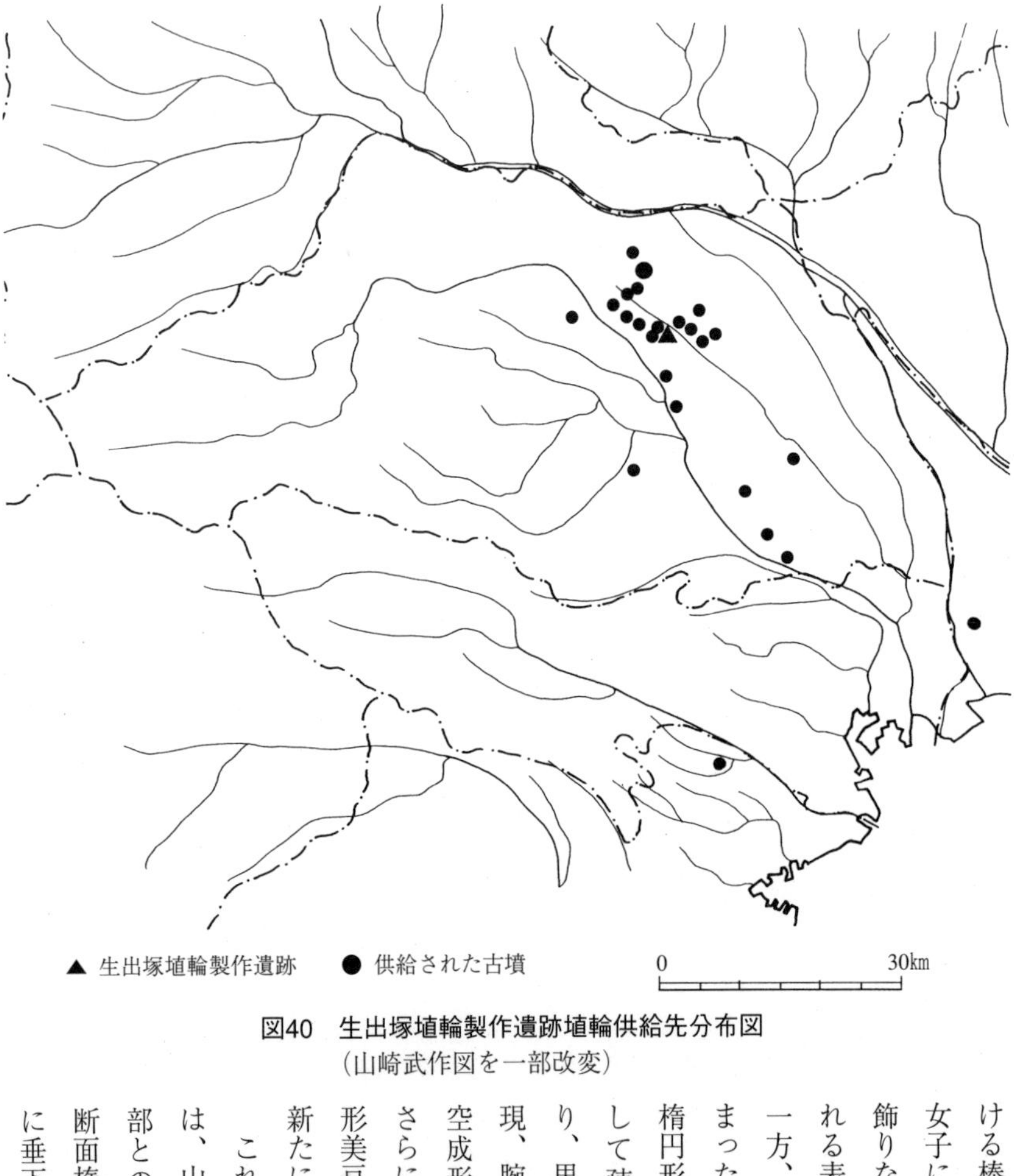

図40　生出塚埴輪製作遺跡埴輪供給先分布図
（山崎武作図を一部改変）

ける棒状逆「Y」字形美豆良、女子における紐垂れ下がり耳飾りなど群馬県が初現と思われる表現を受容し盛行させる一方、稲荷山古墳出土例で始まった「の」字形耳朶、断面楕円形紐に小形円形粒を連続して疎に重ね貼付する首飾り、男子における垂髪のみ表現、腕成形における「木芯中空成形技法」などを継承し、さらに外向き曲がり先細り棒形美豆良など特徴的な表現も新たに出現してくる。

これに対し同時期の北部では、山形二股冠の存在など東部との関係を有しながらも、断面楕円形紐に楕円形粒を疎に垂下する首飾りや、男子における連続山形冠・垂下帯付美豆良など群馬県で盛行している表現がみられることから、群馬県との関係を徐々に深めていったものと考えられる。その一方で、熊谷市上中条・深谷市上敷免出土例などに特徴的にみられる輪郭が隆起した目や、特異な立体的頸甲表現の児玉郡児玉町秋山出土例(図41)などをみると、群馬県からの影響を強く受け始めてはいるものの、他地域に影響を与えうるだけの技術体系を有した在地の工人集団がすでに成立していたと考えられる。ただし、輪郭が隆起した目や立体的頸甲表現などは在地型の特徴となるが、他の製作技術や表現方法には強い群馬県からの影響がみられることから、この時期の北部の人物埴輪は「群馬系在地型」ということになろうか。

六世紀前葉~中葉頃になると、「生出塚型」では前代からの腕における「木芯中空成形技法」が継承されるとともに、男子の垂髪のみ表現が閉塞形台形頭巾に伴う表現へと定形化してくる。さらに断面台形突帯に帯一体形の舌形・方形・「▽」形などの垂帯を結紐として表現する帯(図42-4)や、男子の中膨らみ丸帽、女子耳飾りにおける棒状紐横位複数段オサエ貼付など特徴的な表現が出現してくる。この時期、断面楕円形紐を伴う首飾り表現は瓦塚古墳出土例などを除き、小形円形粒疎連続貼付へと定形化する。

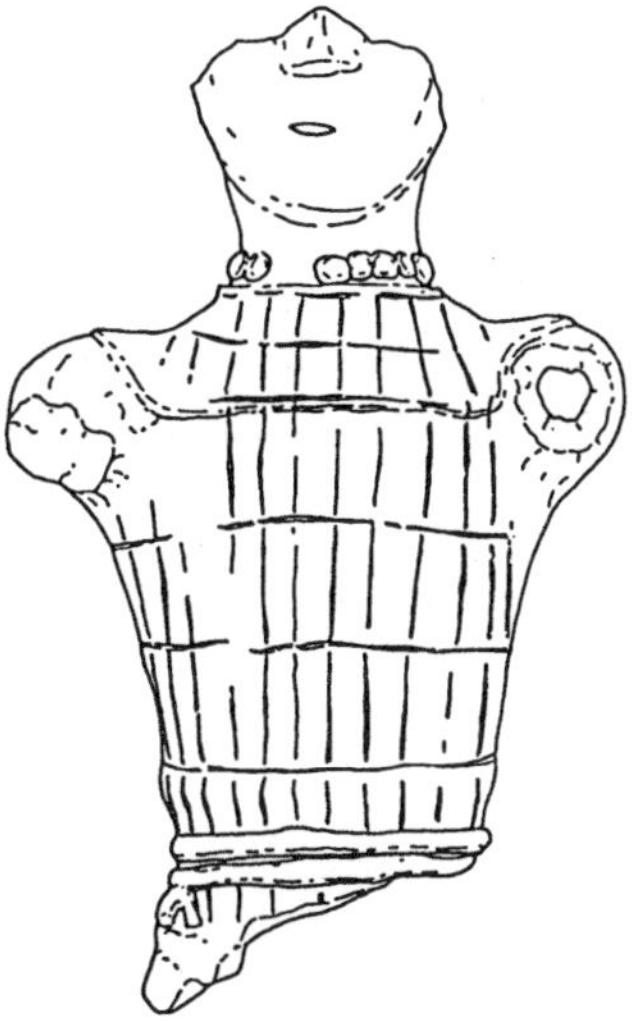

図41　児玉町秋山出土「立体的頸甲」表現の武装男子

岩鼻二号墳出土例にも「▽」形垂帯を伴う帯表現などがみられることから、いぜんとして西部は東部の影響下にあったものと思われる。その一方で、岩鼻五号墳出土男子には深谷市上敷免出土例の系譜を引くと考えられる垂下帯なし有段円柱形美豆良がみられることから、東部・北部の影響を受けながらも徐々に西部独自の表現を模索する在地の工人集団が成立してきたものと思われる。

群馬県の影響

この時期北部では、広木大町三一号墳出土例にみられる扁平ドーム形鍔付丸帽のように群馬県からの影響がいぜんとして強い。

六世紀中葉後半〜後葉前半頃になると、北部ではさらに群馬県からの影響が強くなる。小前田古墳群・諏訪ノ木古墳出土例にみられる箆刺突耳孔・紐上下二本貼付帯・円錐形美豆良・折返し中空方形髷などはいずれも群馬県で盛行している表現であり、このなかで折返し中空方形髷は群馬県西部に特徴的な表現である。したがって、この表現が集中する小前田古墳群は群馬県西部との関係が深かったものと考えられる。また、割山埴輪製作遺跡からも同一表現の髷が出土していることから、群馬県

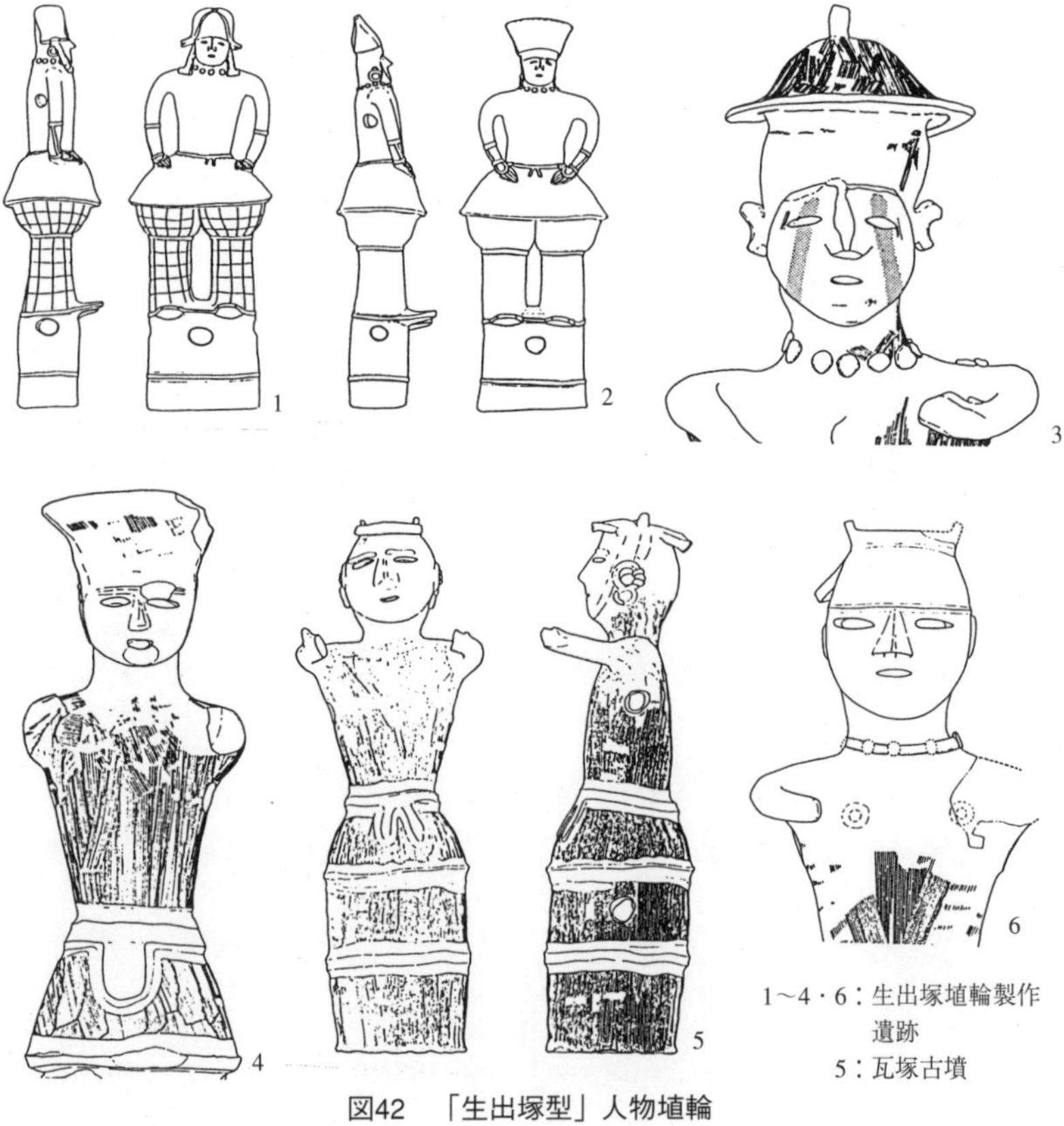

1〜4・6：生出塚埴輪製作遺跡
5：瓦塚古墳

図42　「生出塚型」人物埴輪

西部からの技法伝播を受けた割山埴輪製作遺跡の工人集団が製作した人物埴輪が小前田古墳群に供給された可能性が考えられる。

独自の人物埴輪を製作してきた「生出塚型」にも、この頃から群馬県の影響がみられるようになる。生出塚三号墳出土例では、それまで中膨らみが主流であった丸帽が群馬県から埼玉県北部にかけて盛行する円筒化頂部扁平ドーム形に変化している。またこの変化と軌を一にするように、横向きの「C」字形粘土帯を頭部円筒に密着させずに貼付することで顔面両側が突出するという新たな顔面成形技法が出現する(図42-3)。東部の強い影響下にあった西部でもこの頃になると北部を経由した群馬県からの影響が徐々にみられるようになり、三千塚古墳群出土女子椅座全身像(図20-3)などが製作されるようになる。

六世紀後葉後半以降になると群馬県からの影響はさらに強まり、方形髷だけであった「生出塚型」にも円形髷が出現してくる。さらに立体的襟や結紐表現、三角巾形冠帽など群馬県内で盛行していた表現が導入されるようになる。しかし、それまで独自の技術体系を有していた拠点的工人集団であることから、群馬県からの影響をそのまま受け入れたわけではないようである。例えば、三角巾形冠帽は群馬県では巻き付け形であるのに対し「生出塚型」では前立て形に変化しており、立体的襟表現は群馬県では紐貼付引き伸ばし調整であるのに対し「生出塚型」では突帯表現とするなど(図39)、受容はするものの独自に変化させている。さらに、女子においては髷の円形表現を導入したが、群馬県内で盛行した正円形髷・立体的櫛・鉢巻表現は最後までみられず、部分的な受容となっている。その一方で群馬県内にはみられない筒袖人物や男子冠帽における後頭部「Y」字形結紐(図23)など独自の表現を創出している。

北部では群馬県との関係を密にしながら独自の人物埴輪製作が継続されているが、そのなかに美里町内出土例のような立体的襟・立体的合わせ・結紐・直線的腕・紐複数貼付帯・鰭状突起付袴などいずれもが典型的な群馬県内の特徴を有する大形正装男子全身立像がみられる。製作技術における完成度の高さからみて群馬県内の工人集団が製作に直接関与した可能性が高いが、籠手を粘土板巻き付けによって表現していることに注目すれば、群馬県西部の工人集団が関与しているものと考えられる。同様な形態・籠手表現の腕が深谷市萱場（東京国立博物館蔵）出土例にも認められることから、他の器種については明確にできないものの、大形正装男子全身立像に関しては群馬県西部の工人集団が製作したものが埼玉県北部へと複数供給されていたことになろう。両地域の関係については前代の折返し中空方形髷でもみられることから、北部とくに埼玉県北西部は六世紀後半代になると群馬県西部との関係を一層緊密なものとし、必要に応じては人物埴輪そのものを製作してもらっていたのではないかと考えられる。

図43　屋田５号墳出土の「野原型」人物埴輪

一方、北部・東部両方からの影響を受けていた西部では、比企郡滑川村屋田五号墳出土例のような群馬県からの間接的影響と思われる頸部密着貼付横向き板状直線的ホッケースティック形美豆良が出現してくる(図43)。同時に東部からの影響と思われる湾曲する細長い腕も特徴で、類例は東松山市大谷花ノ木・江南町野原一〇八出土例(東京国立博物館蔵)と、直径約六キロメートルの狭い範囲に限定されている。さらに江南町野原一〇八出土例には頭頂部から続く鼻と、共に円形に穿たれた目・口という他地域に類例のないきわめて特異な表現の人物がみられる。これらの特徴を有する人物埴輪をその代表例から「野原型」と呼称すると、屋田五号墳の築造時期などからみて「野原型」は六世紀末葉頃の西部北半において限定的に出現した埴輪群と考えられる。したがって、西部では埴輪の終焉を目前にして、ようやく顕著な特徴を有する「在地型人物埴輪」が出現してきたことになろう。

第六節　東京都の人物埴輪

　東京都内の埴輪製作遺跡としては、唯一大田区下沼部埴輪製作遺跡が確認されている。しかし、規模・操業時期も含め詳細な内容が不明であることから、都内の埴輪との関係はわからない。

　埴輪を有する古墳は多摩川流域、北東部となる元荒川・古利根川下流域のほか、これら大河川に挟まれた東京湾沿岸の小河川の流域にも分布している。ただし、人物埴輪を出土している古墳は多くない。さらに、五世紀末葉～六世

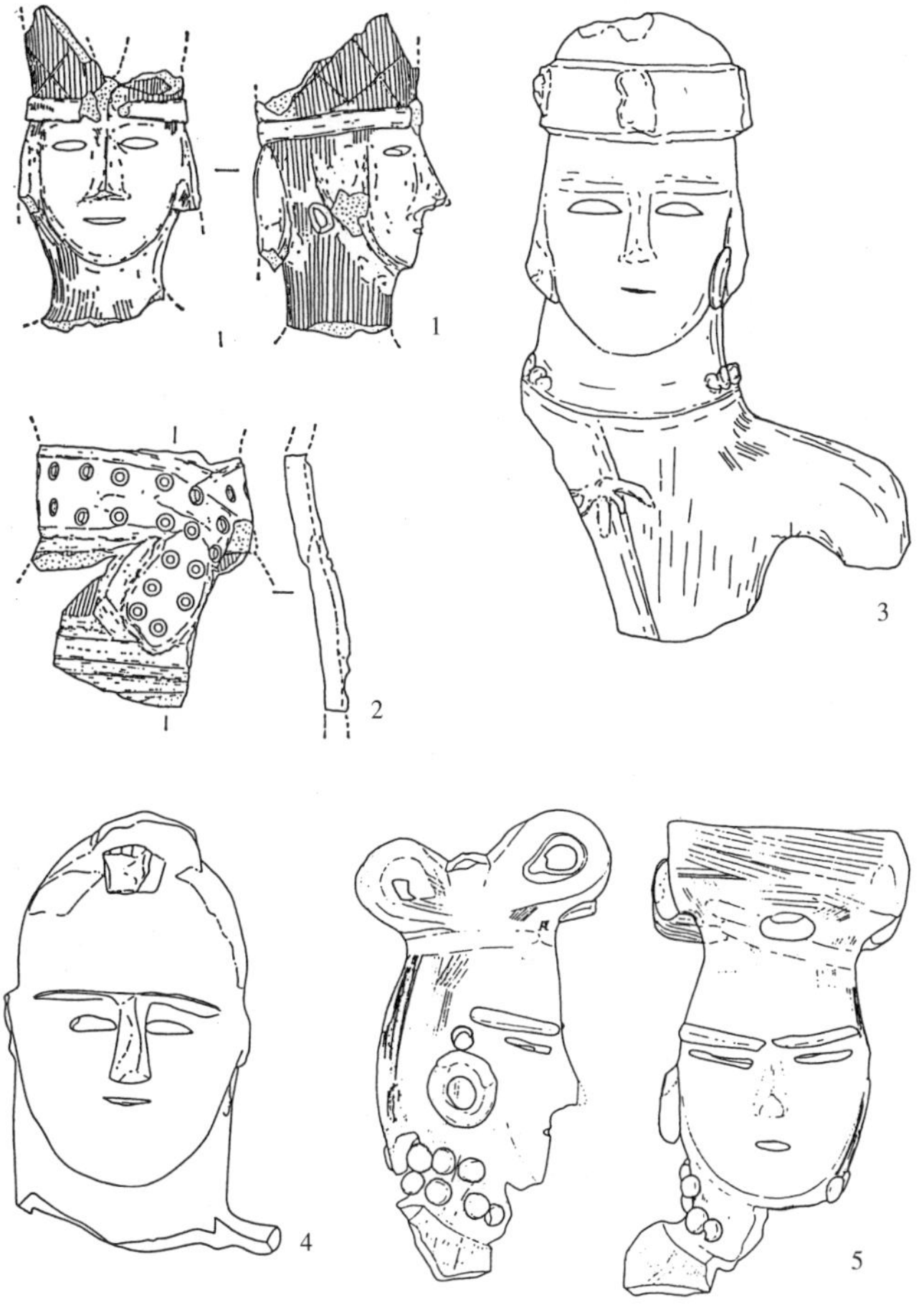

1・2：亀塚古墳　3：観音塚古墳　4：三島塚古墳　5：喜多見陣屋2号墳

図44　東京都内出土の人物埴輪

紀初頭頃に位置づけられている狛江市亀塚古墳出土例(図44-1・2)をはじめ、六世紀前葉頃の葛飾区南蔵院裏古墳・足立区内出土、六世紀中葉頃の大田区多摩川台一・二号墳、六世紀後葉頃の北区赤羽台四号墳・世田谷区喜多見陣屋二号墳(図44-5)・大田区三島塚古墳(図44-4)・観音塚古墳(図44-3)、六世紀末葉頃の葛飾区柴又八幡

神社古墳出土例などいずれの人物埴輪も群馬県・埼玉県・千葉県などの工人集団によって製作された可能性が高い。したがって、東京都内では「在地型人物埴輪」は出現しなかったことになろう。

第七節　神奈川県の人物埴輪

神奈川県内の埴輪製作遺跡としては唯一川崎市宮前区白井坂埴輪製作遺跡が確認されている。五世紀末葉頃の操業と考えられており、同市西福寺古墳への供給が確認されている。人物埴輪としては美豆良かと思われる資料のみで、詳細は不明である。全体が粗雑な調整であることから在地工人による製作の可能性が高いが、継続的な生産が行われた様子がないことから、単発的な操業であった可能性が高い。

これについては、白井坂埴輪製作遺跡が位置する多摩川流域や鶴見川水系周辺に埴輪を樹立する古墳が集中しているにもかかわらず、六世紀初頭頃の川崎市高津区末長久保台遺跡、六世紀後葉頃の横浜市鶴見区駒岡瓢箪山古墳・同市保土ヶ谷区瀬戸ヶ谷古墳・川崎市高津区久本山古墳、六世紀末葉頃の川崎市高津区下作延稲荷塚古墳・横浜市緑区北門一号墳などいずれの人物埴輪も群馬県・埼玉県などの工人集団によって製作された可能性が高い。分布が希薄な西部においても同様な現象がみられることから、神奈川県も東京都と同じように「在地型人物埴輪」は出現しなかったものと思われる。

第五章　人物埴輪が語る関東地方の政治構造

第一節　直接供給と技法伝播

人物埴輪そのものは関東地方各地でさほど時間差がなく出現したようであるが、その後の展開においては高度な技術体系を有する群馬県と埼玉県が主導的役割を果たしたと考えられる。そのため、両県以外の地域で埴輪製作専門工人集団が組織される場合、とくにその出現期にあってはいずれか、あるいは両地域からの影響を強く受けたものとなる。その後独自色が加えられ「在地型人物埴輪」が製作されるようになるが、この段階になると群馬県・埼玉県以外の地域間での技法・表現方法の伝播や影響もみられるようになるのである。その一方で、在地の埴輪製作専門工人集団が組織されない地域にあっては、拠点的埴輪製作地からの直接供給あるいは埴輪製作専門工人の遠距離移動による製作などもみられる。このような現象がおこる背景には、継続的な埴輪の需要が大きくかかわっているものと考えられるが、同時に首長間の関係も反映されているものと思われる。

「小幡北山型」・「久慈型」の成立と群馬・埼玉の影響

群馬県・埼玉県以外の地域で最初に「在地型人物埴輪」を製作したと考えられるのは、六世紀初頭〜前葉頃の茨城県中央部で出現した「小幡北山型」であろう。その代表例となる玉里舟塚古墳出土の人物埴輪における表現の特徴をみると、首飾りでは五世紀代から群馬県内で盛行する紐なし正円形粒連続密貼付と埼玉県東部で五世紀代から盛行する断面楕円形紐に正円形粒連続疎重ね貼付の二種が共存している。男子の冠帽では群馬県西部から埼玉県北西部にかけての地域で盛行した連続山形冠がみられるが、群馬県内で盛行した美豆良の垂下帯がみられない。また帯表現をみると、玉里舟塚古墳出土例と同一工人集団による製作の可能性が高いと指摘されている鉾田町不二内古墳出土例には五世紀末葉～六世紀前葉に埼玉県東部で盛行した結紐なし幅広粘土帯ナデ貼付があり、さらに玉里舟塚古墳出土例の系譜を引くと考えられる茨城町トノ山古墳出土例には六世紀前葉～中葉頃の埼玉県北部を中心に埼玉県内で盛行した結紐なし断面台形突帯貼付がある。このようにみてくると「小幡北山型」は総体としては埼玉県の影響を強く受けていることがわかる。その一方で首飾りや冠帽には群馬県からの影響も考えられる。したがって「小幡北山型」は両県からの影響を受けて出現したことになるが、「小幡北山型」の特徴のひとつである立体的頸甲表現に注目すると、類例が埼玉県北西部の児玉町秋山出土例(図41)にある。特異な表現方法であることから、両者には密接な関係が存在するものと思われる。さらに当該地域が埼玉県内でありながら群馬県からの影響を受けやすい地理的環境にあることなどから考えても、「小幡北山型」は埼玉県北西部から伝播してきた技法・表現方法によって出現した可能性が高い。すなわち、児玉町秋山出土武装男子を製作した工人集団が「小幡北山型」の成立に深く関与したものと考えられる。ただし、「小幡北山型」の特徴のひとつである全身立像における「分離成形」技法については、現在までのところ埼玉県北西部では確認されていないことから、この技法が伝播してきたものかあるいは中央部で独自に創出されたものなのかについては不明である。

この「小幡北山型」の特徴を有する人物埴輪は茨城県北部の一騎山四号墳のほか、馬渡埴輪製作遺跡からも出土している。ともに「小幡北山型」のなかでは古式の様相を呈することから、「小幡北山型」成立直後には北部でも製作が行われていたことになる。ただし、一騎山四号墳出土例をみると、「小幡北山型」にはみられない「一体成形」の全身立像や、丸帽に「十」字の紐を貼付した頭部表現などがみられる。これらの特徴は北部で盛行する「久慈型」の特徴でもあることから、北部で「小幡北山型」を製作していた工人集団が「久慈型」成立に関与していたものと考えられる。「小幡北山型」と「久慈型」の交流については、北部でのみ産出し、「久慈型」で盛行をみせる紺色顔料の塗布が「小幡北山型」の玉里舟塚古墳出土武装男子にみられることからも推察できよう。

図45　埼玉2号墳出土の前向き曲がり先細り棒形美豆良表現

「久慈型」の特徴である「木芯中空成形」腕や断面楕円形粘土紐に粘土小粒を粗に重ね貼付する首飾り表現をみると、これらは六世紀前葉～中葉の埼玉県生出塚埴輪製作遺跡製品などで盛行した表現方法であり、丸帽に「十」字の紐を貼付した頭部表現(図9)は埼玉県北部で盛行している。さらに、「久慈型」の初期と考えられる西大塚三号墳出土例にみられる前向き曲がり先細り棒形美豆良表現は、埼玉二号墳(図45)・桜山埴輪製作遺跡出土例など埼玉県内にだけみられる特異な表現である。したがって、「久慈型」定形以前となる一騎山四号墳出土例もあわせて考えると、北部では当初「小幡北山型」を製作していたが、一騎山四号墳段階で埼玉県からの強い影響を受け、中央部の特徴と融合し在地的な表現・成形方法をみせる「久慈型」が成立したものと考えられる。また、埼玉県北部の千光寺一号墳からは「久慈型」の特徴を持つ人物埴輪が出土していることから、千光寺一号墳が「久慈型」成立以前であるとすれば、千光寺一号墳の人物埴輪を製作した工人集団が「久慈型」成立に深く係わったことになる。逆に「久慈型」成立以後であったとすれば、茨城県北部の「久慈型」工人集団が、埼玉県北部の埴輪製作に直接的に係わったことになろう。いずれにしても、丸帽に「十」字の紐を貼付した頭部や前向き曲がり先細り棒形美豆良表現などをみても「久慈型」と埼玉県北部との関係は密接であったことがうかがえる。

このようにみてくると、「小幡北山型」・「久慈型」いずれの成立にも埼玉県北部の工人集団が深く関与していたことになる。また、この地域は人物埴輪出現当初から群馬県との関係もみられることから、間接的ではあるが群馬県からの影響もあったのかもしれない。

六世紀前葉〜中葉の各地域の人物埴輪と群馬・埼玉の関係

「小幡北山型」・「久慈型」が盛行期をむかえる六世紀前葉〜中葉頃になると、茨城県以外の地域でも埴輪製作専門工人集団が本格的に組織されたと考えられる。ただし、群馬県に隣接する栃木県などをみると、飯塚三一号墳出土例(図46)のように全体が粗雑な調整であることから在地工人集団によって製作されたものと思われるが、成形・表現方法はきわめて群馬色が濃いことから、群馬県とくにこの時期独自の技術体系を顕在化させはじめた群馬県東部からの直接的な指導あるいは影響があったものと思われる。そのため、在地の埴輪製作専門工人集団は存在するものの、いまだ「在地型人物埴輪」は出現してこないのである。

東京都では五世紀末葉〜六世紀初頭の亀塚古墳に最初の人物埴輪が樹立されるが、冠帽・帯表現などその後の「生出塚型」で盛行する特徴がみられることから、「生出塚型」が定形化する以前の埼玉県内の工人集団によって製作さ

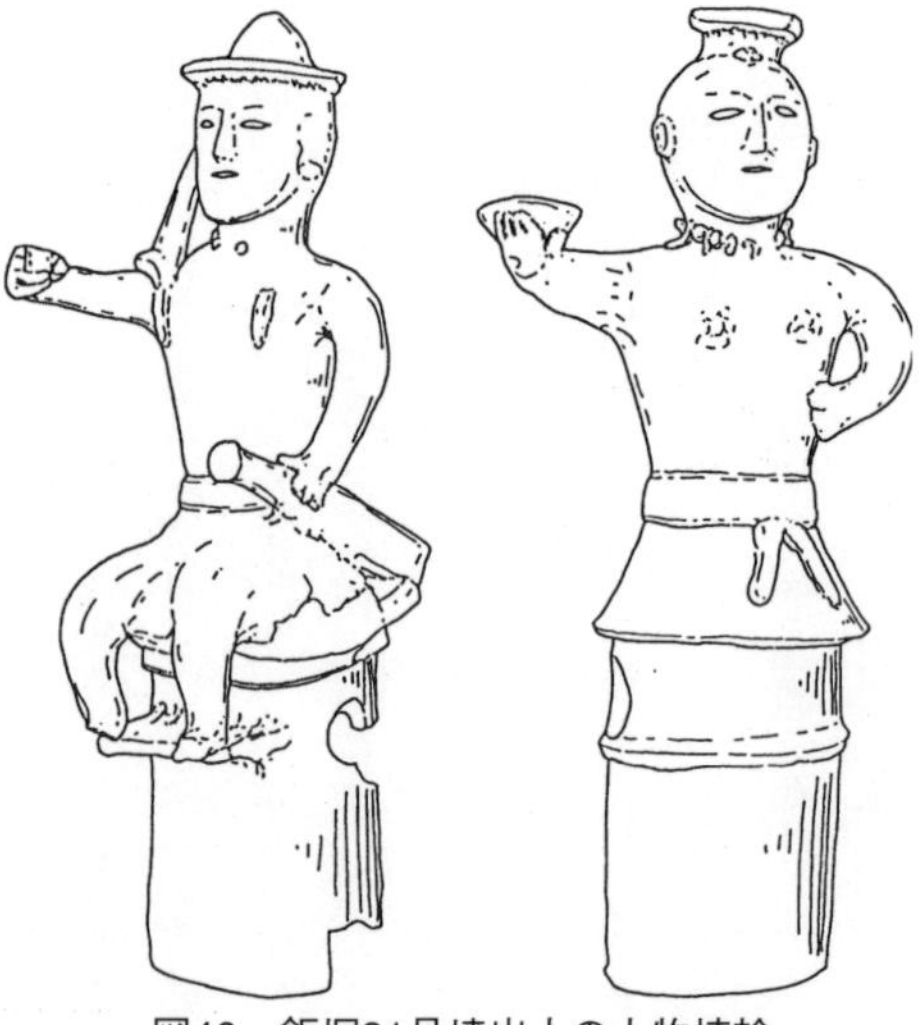

図46　飯塚31号墳出土の人物埴輪

れたものと思われる。東部の荒川下流域に分布する六世紀前葉～中葉頃の人物埴輪にもこのような傾向がみられることから、東京都内では六世紀中葉頃までは主に埼玉県内の工人集団が製作した人物埴輪が供給されていたものと思われる。

一方、神奈川県西部では五世紀末葉～六世紀初頭頃と考えられる鎌倉市釆女塚古墳出土女子をみると(図20-1)、完成度の高い技術で製作されているほか、紐垂下形耳飾りなど群馬県内に特徴的な表現がみられることから、群馬県内の工人集団によって製作されたものと考えられる。これに対し、六世紀前葉頃には横須賀市八幡神社四号墳・三浦市向ヶ崎古墳・厚木市登山一号墳など、「木芯中空成形」腕や円筒埴輪外面における「m」字形箆記号など「生出塚型」の特徴を有する埴輪が出現してくる。継続的な生産が行われなかったことから、これらはいずれも「生出塚型」工人集団によって製作されたものと考えられる。しかし六世紀中葉になると、横須賀市蓼原古墳出土例のように人物間格差表現も含めた各部の表現や、円筒埴輪における底部調整の客体的混在などあきらかに群馬県東部の工人集団によって製作されたと考えられる人物埴輪が出現してくる。したがって、神奈川県西部では出現期に群馬系が供給され、六世紀前葉頃には埼玉系に替わり、さらに六世紀中葉には再び群馬系となったと考えられる。出現期が群馬系であることについては、五世紀代の埴輪がほとんどみられない神奈川県内にあって、釆女塚古墳に近い藤沢市大源太遺跡から群馬県西部との関連性が指摘される五世紀中葉頃の円筒埴輪が出土していることと関連するものと思われる。

出現期の人物埴輪が群馬県と密接な関係にあるのは、茨城県南西部も同様である。六世紀前葉～中葉頃と考えられる古河市内出土の正装男子半身像(東京国立博物館蔵)には細長で凸レンズ形の目とわずかに切り開いた口、垂下帯付美豆良、「ハ」字形垂らし紐を伴う幅広帯、強く突出する上衣裾など群馬県における六世紀中葉頃の人物埴輪の特徴を備えており、群馬県あるいは群馬県からの強い影響を受けた栃木県内の工人集団によって製作されたものと考えられる。

このようななかで、茨城県南西部における「在地型人物埴輪」の初現となる可能性が高いのが「林型」である。ただし、「林型」の人物埴輪は類例が少なく、林出土例をみると垂下帯付美豆良表現など群馬県からの影響が顕著に認められる(図47)。したがって、「林型」はその後に在地色が顕在化し出現する「市之代型」などへの過渡的な人物埴輪であり、製作したのは非在地系工人であったのかもしれない。ところで、「林型」以前の群馬系人物埴輪と、埼玉系となる「小幡北山型」の分布を比較すると、群馬系人物埴輪は前述のように筑波山の南西部に、「小幡北山型」は土浦市下高津町根崎(東京国立博物館蔵)・新治郡八郷町柿岡古墳群・真壁郡真壁町松木内(東京大学蔵)出土例などにみられるように、筑波山の北部から東方に分布している。したがって、六世紀中葉以前においては、群馬県からの影響は筑波山以西にとどまり、東部・北部は埼玉系が供給されていたことになる。

「林型」の系譜を引くと考えられる「市之代型」には、「小幡北山型」で盛行した朝顔形円筒埴輪肩部への円形透孔がみられるものとみられないものとが共存している。また、胎土に雲母を含むことが特徴のひとつであることから、花崗岩あるいは雲母片岩が分布する筑波山周辺から南東部にかけての地域で製作された可能性が高い。さらに、人物埴輪の様相については不明であるが、「市之代型」に類似した胎土・突帯などの特徴を有する円筒埴輪は稲敷郡美浦村木原台古墳群でも確認されている。これらの状況から、「市之代型」は霞ヶ浦西岸から南岸のいずれかの地域で「林型」・「小幡北山型」双方の影響を受けて出現してきたものと思われる。このように考えると、「市之代型」に先行して出現する「突帯多用型」初期の「正福寺型」と非突帯多用型の「市之代型」の高野一号墳は成田市南羽鳥で隣接してみられるが、これは時期差による埴輪の変化ではなく、異なる系譜の埴輪がひとつの地域に供給されたためと考えられる。したがって、「市之代型」と「突帯多用型」は旧鬼怒川下流域周辺では分布が重なるが、「市之代型」はより北方に拠点を置く工人集団によって製作されたのではないかと思われる。これに対し「突帯多用型」は胎土に雲母を含まないことから、旧鬼怒川南岸の下総地域で製作された可能性が高い。

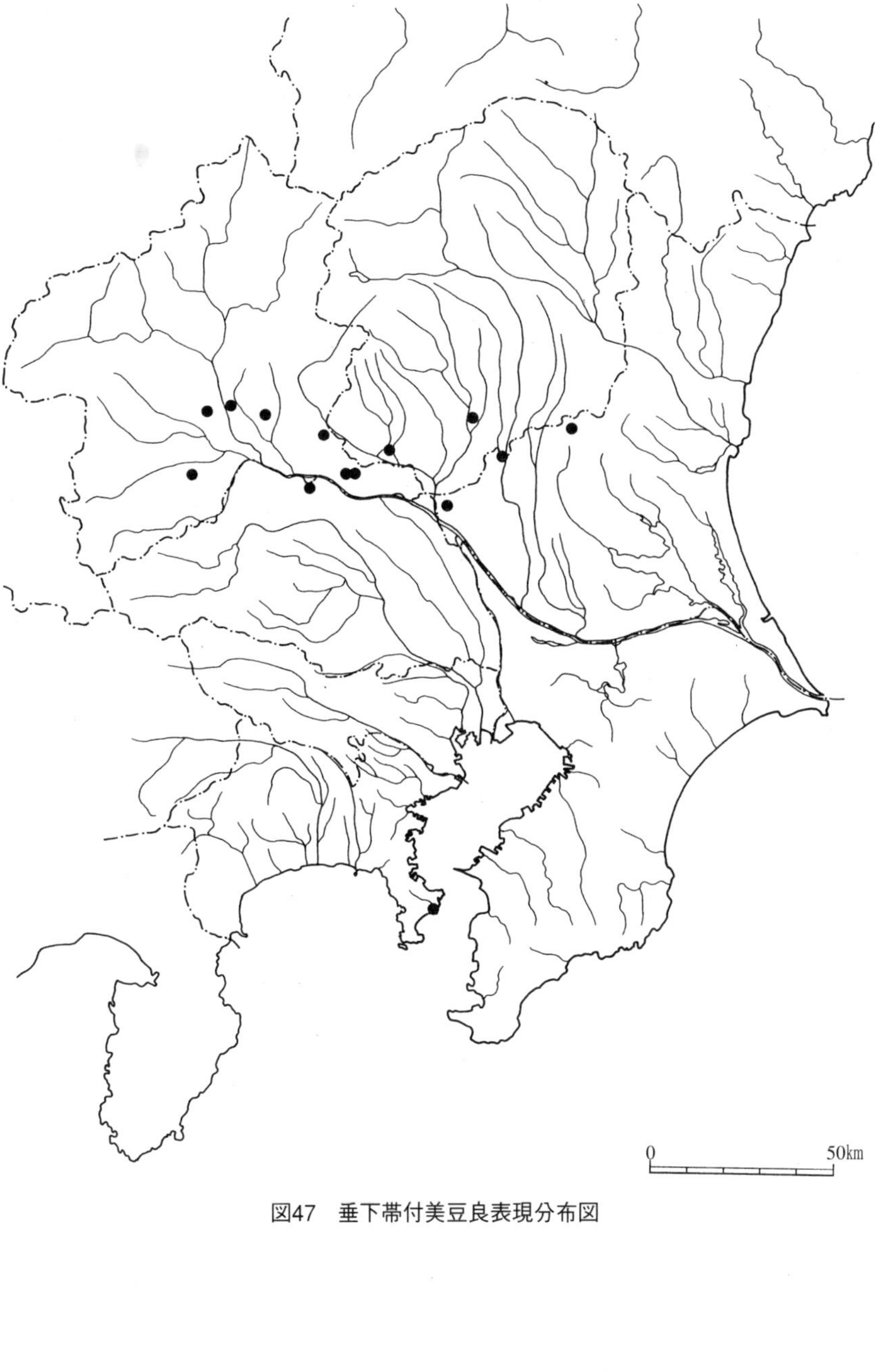

図47　垂下帯付美豆良表現分布図

「正福寺型」の円筒埴輪をみると、普通円筒埴輪は断面台形突帯の三条四段に統一され、朝顔形円筒埴輪には「市之代型」にみられたような「小幡北山型」からの影響と思われる肩部透孔がない。したがって、人物埴輪には襷・帯などを突帯で表現するという共通性はみられるものの、円筒埴輪については「小幡北山型」からの影響はみられないことになる。これに関しては、「正福寺型」に先行して千葉県北部に出現する瓢塚三二号墳が埼玉県の影響下で製作されたと考えられることから、この伝統を継承しているのかもしれない。このように考えると、千葉県北部での「在地型人物埴輪」の出現は瓢塚三二号墳段階までさかのぼる可能性があろう。

「正福寺型」とほぼ並行する時期に千葉県中央部では「突帯多用系山武型」が出現する。その特徴である内面からの強いナデ押し出しによる顔面成形や、紐への円形粒疎重ね貼付首飾り表現、武装男子挂甲札表現における粘土粒貼付などは茨城県北部で盛行した「久慈型」の特徴でもあることから、「突帯多用系山武型」の成立には「久慈型」が深く関与していたものと考えられる。ただし、普通円筒埴輪は三条四段に統一されており、「久慈型」の特徴である二条三段や、多条突帯における最下段低位置はみられないことから、「久慈型」の影響は人物埴輪にとどまっていた可能性が高い。また、朝顔形円筒埴輪には肩部透孔がない。これら円筒埴輪の特徴は「正福寺型」にみられることから、円筒埴輪は「正福寺型」の影響を強く受けたものと考えられる。「正福寺型」の特徴と考えあわせると、ともに人物埴輪に関しては茨城県からの影響を受けたものの、円筒埴輪は在地の伝統を継承していたことになり、「市之代型」とは対照的な様相を呈する。

六世紀後葉の変化

千葉県北部の「突帯多用型」は「正福寺型」から「沼南町型」を経て六世紀後葉頃に「久寺家型」へと変化するが、「沼南町型」と思われる東深井古墳群出土武装男子には「立体的頸甲」がみられ、「久寺家型」に属する東深井七号墳からは台円筒頂部中央に円形孔を穿つ正装男子全身立像が出土している。いずれも「小幡北山型」の特徴であることから、「正福寺型」以降も「突帯多用型」には「小幡北山型」の影響が継続的にみられたことになろう。また、東深井七号墳出土の正装男子全身立像については、最終段階の「下総型」も含め「突帯多用型」は正装男子を半身像とするのが基本であることから、正装男子全身立像の登場は大きな変化であったと考えられる。

六世紀後葉段階の「在地型人物埴輪」におけるこのような変化は千葉県北部の「突帯多用型」にとどまらず、千葉県中央部や茨城県内にも認められる。

茨城県内ではこの時期「常陸型」が出現し、全身立像の武装男子が姿を消す。替わって三角巾形冠帽を被りホッケーのスティック形美豆良を下げ、上衣の襟を立体的表現とし、袴に三角形の鰭状突出表現を伴う大形正装男子全身立像が登場してくる。さらに女子頭部はそれまでは円筒形成形で、上端部を中央がくびれた方形の髷で水平あるいは斜めに閉塞し、櫛の表現を行わなかったが、「常陸型」の段階になると額は膨らみを持ち、左右中央が抉れた円形を基本とする粘土板で後頭部に近い頭頂部を極端な斜めに閉塞し髷表現とするようになる。さらに櫛が表現されるようになり、線刻・粘土粒貼付あるいは写実的な「舌」形粘土板を額あるいは頭頂部に貼付するようになる。これらの特徴を有する人物埴輪は「小幡北山系常陸型」・「久慈系常陸型」のほか、「西保末型」にもみられる。

また、「小幡北山型」・「久慈型」ともに器財埴輪を製作しないことが特徴であったが、「常陸型」の段階になると突如器財埴輪も出現してくる。大形正装男子全身立像や女子頭部にみられる成形・表現方法の斉一性や武装男子の消滅などと考え合わせると、単に人物埴輪のなかに大形正装男子全身立像や円形髷表現の女子が新たに登場してくるのではなく、六世紀後葉頃に県内全域の形象埴輪そのものが大きく変化したと考えられる。この時期、茨城県においてはすでに各地域に独自の技術体系を有する在地の埴輪製作専門工人集団が存在していることから、全県的に斉一性をもって変化したことを考えると、この変化には大きな外的要因を想定すべきであろう。その外的要因とは、この時期導入された表現方法のいずれもが群馬県内、とくに中央部以東の人物埴輪を初現としており、器財埴輪も盛行する地域であることから、群馬県からの強い影響が考えられる。また、過渡的様相と考えられる「久慈系常陸型」を除く県内各地の大形正装男子全身立像の台円筒頂部中央に「小幡北山型」の特徴である小孔がみられることから、中央部が主導的役割を果たしていたようである。

これら群馬県からの影響の初現と考えられる人物埴輪が筑波山北部・東部にみられる。前述したように、この地域はそれまで「小幡北山型」が供給されており、群馬系の人物埴輪は筑波山以西でとどまっていたが、六世紀後葉になると大和村孫八古墳で人物、八郷町西町古墳で群馬県内の特徴を持つ人物・家形埴輪が樹立されている。したがって、この時期には「小幡北山型」分布範囲に群馬系埴輪が入ってきたことになろう。さらに、西町古墳と同じ八郷町丸山四号墳からも、半身像ではあるが三角巾形冠帽を被りホッケーのスティック形美豆良を下げる正装男子と円形髷の女子が出土している。この正装男子半身像の三角巾形冠帽には「久慈型」に特徴的な紺色顔料が塗布されていることから、北部の舟塚一号墳を代表例とする「久慈系常陸型」とも関係をもっていたと考えられる。舟塚一号墳・丸山四号墳ともに両地域における初期横穴式石室導入期の古墳であることから、これら人物埴輪表現の変化は横穴式石室の導入期にもたらされたものとも考えられる。ただし、舟塚一号墳の横穴式石室にみられる片袖式は群馬県内では盛行していないことから、この新たな人物埴輪群と横穴式石室はセットで群馬県内から直接伝播したものではなかったようである。

ところで、六世紀末葉頃と考えられる新治郡千代田町粟田石倉古墳出土の「西保末型」正装男子における三角巾形冠帽には、丸山四号墳出土正装男子の三角巾形冠帽の系譜を引く線刻が施されていることから、「西保末型」は丸山四号墳の人物埴輪製作を契機に、「小幡北山系常陸型」の影響を受け「市之代型」が大きく変化したものである可能性が高い。

同様な現象は千葉県中央部にもみられる。この地域には千葉県北部と茨城県北部からの影響を受けて「突帯多用系山武型」が出現するが、六世紀後葉後半以降になると殿塚古墳・姫塚古墳と「常陸型」の特徴を有する人物埴輪群が出現してくる。とくに姫塚古墳出土の正装男子全身立像には、「小幡北山系常陸型」に特徴的な台円筒頂部中央小孔のほか粘土板貼付による袖表現がみられることから、「小幡北山系常陸型」の影響は千葉県中央部にまで及んでいたことがわかる。

さらに「突帯多用型」の最終段階となる「下総型」をみると、宝馬三五号墳出土例には半身像ではあるが前後三角巾形冠帽を被る正装男子があり（図11-2）、高野山一号墳には方形が基本である「下総型」に混じり隅丸方形髷もみられる。さらに人物埴輪ではないが、「下総型」の特徴として朝顔形円筒埴輪の透孔については見かけ上の肩部透孔という解釈もあるが、人物埴輪における表現方法の変化を考えあわせると、「小幡北山系常陸型」の影響を受けて肩部透孔が出現したものと思われる。あるいは、地理的環境からみると「西保末型」からの影響も考えられよう。

茨城県内で埴輪が大きく変化する六世紀中葉後半～後葉前半の栃木県東部をみると、鶏塚古墳に「在地型人物埴輪」がみられる。その特徴としては①武装男子全身立像が「分離成形」であるほか、②上衣襟が立体的表現、③女子髷が方形、④耳飾りが粒複数貼付＋環状紐貼付、⑤正装男子胴部に連続三角文線刻表現、⑥竹管刺突文などがあげられる。②・④が群馬県内を初現とする表現であり、①が「小幡北山型」の特徴であることから、鶏塚古墳の人物埴輪は両地域からの影響を受けた在地工人集団によって製作されたものと考えられる。武装男子全身立像が存在することや、方形髷であること、正装男子に三角巾形冠帽やホッケースティック形下げ美豆良がみられないことから、「常陸型」出現直前と考えられる。また、⑤・⑥は類例のきわめて少ない表現方法であるが、⑤の表現は「常陸型」の初期である「久慈系常陸型」の舟塚一号墳出土正装男子全身立像や福島県いわき市神谷作一〇一号墳出土胡座男子全身像などにみられる。さらに⑥も茨城県北部の常陸太田市幡山一六号墳出土の人物首飾り（図48）やひたちなか市笠谷古墳群出土の馬辻金具表現などにみられることから、鶏塚古墳の人物埴輪を製作した工人集団は、茨城県北部の「久慈系常陸型」成立に直接、あるいは「小幡北山系常陸型」を介して間接的に関与していた可能性が高い。

栃木県西部でも六世紀後葉頃に在地色が顕在化した「唐沢山型」が出現するが、東部とは様相が大きく異なっている。その特徴のひとつである大形武装男子全身立像についてみると、この時期群馬県・埼玉県以外の地域では姿を消してゆくが、栃木県西部では「唐沢山型」の段階になって盛行している。これは、同時期に隣接する群馬県東部で武装男子全身立像が盛行をみせるのと関連するものと思われる。また、短く成形された腕や、三角巾形籠手なども前代の群馬県東部にみられる表現であることから、この武装男子全身立像は群馬県東部からの影響で出現したものと考えられる。その一方で、この時期群馬県から茨城県にまで伝播したと考えられる三角巾形冠帽・ホッケースティック形下げ美豆良・立体的襟表現などはみられず、冠帽では鍔付丸帽が一般的で、下げ美豆良は「生出塚型」に特徴的な棒状逆「T」字形が多い(図49)。これらを考えあわせると、群馬県東部に隣接していながら、「唐沢山型」は群馬県東部と埼玉県の「生出塚型」両方の影響を受けて出現したことになろう。

さらに、千葉県北部の城山一号墳からは「下総型」に混じって客体的ではあるが「唐沢山型」の武装男子全身立像と女子半身像が出土しており、逆に栃木県では亀山大塚古墳・二宮町上大曽炭焼・飯塚古墳群出土例のなかに「下総型」と思われる円筒埴輪や人物埴輪が含まれている。亀山大塚古墳・二宮町上大曽炭焼出土例については他の埴輪と明らかに時期が異なることから近接した古墳出土の可能性が高いが、飯塚古墳群出土例のなかには顔幅が広く口が小

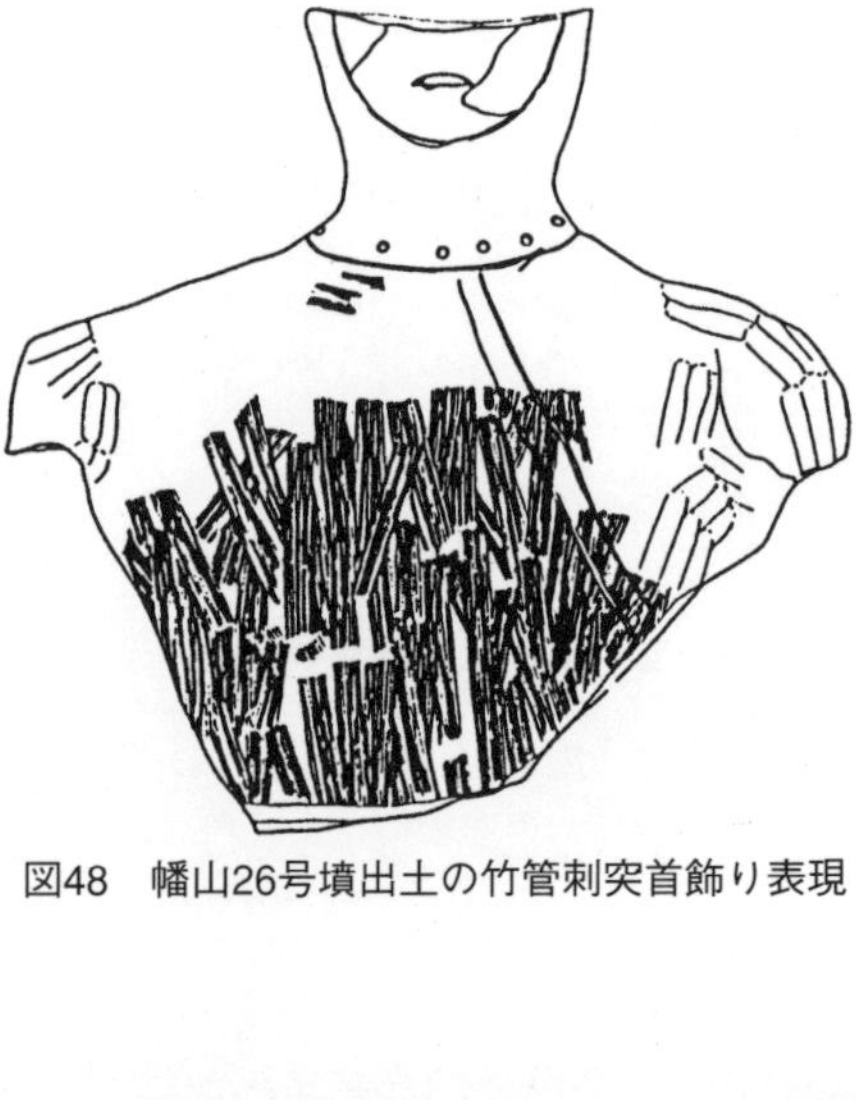

図48　幡山26号墳出土の竹管刺突首飾り表現

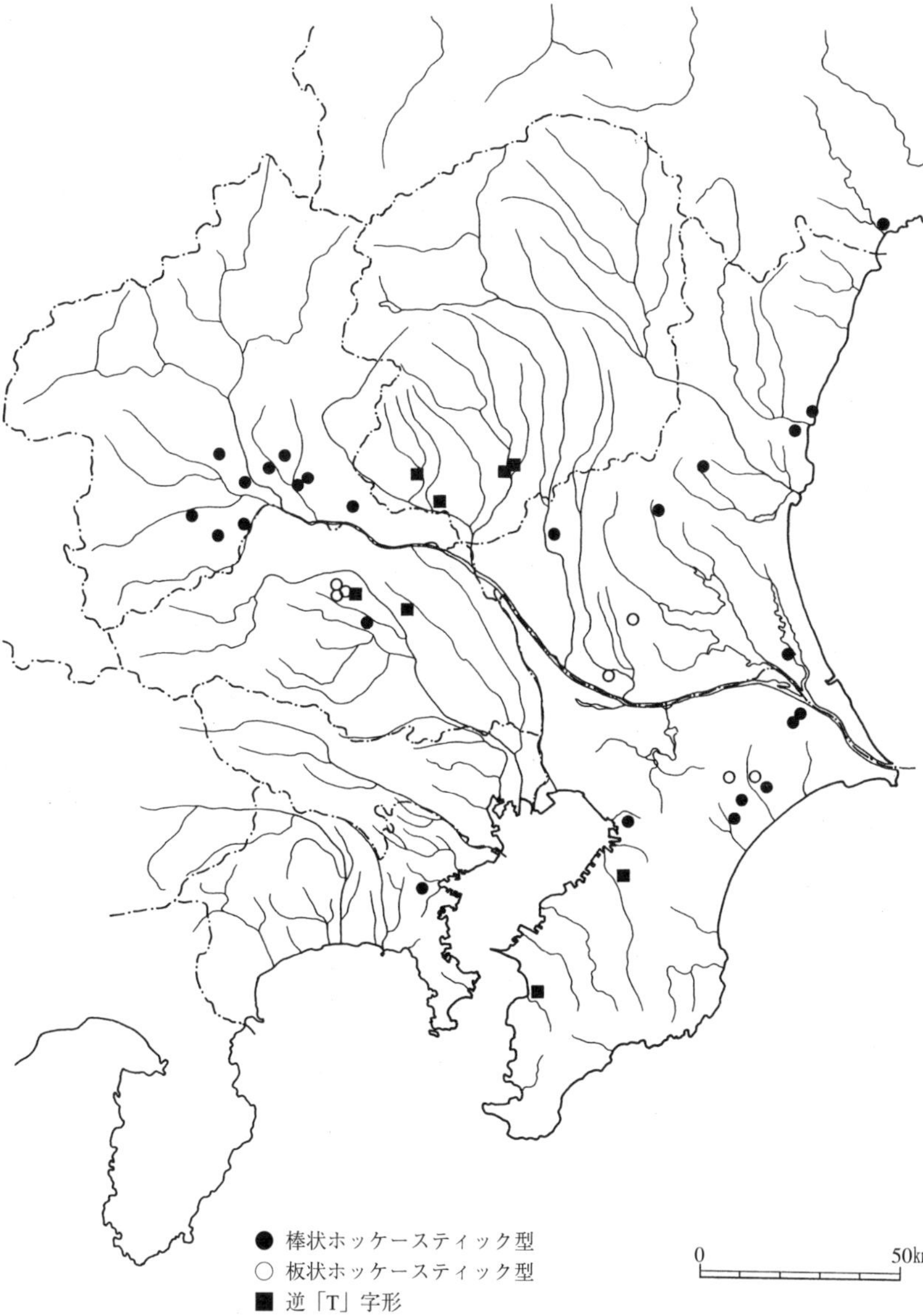

図49　ホッケースティック形・逆「T」字形美豆良表現分布図

さい「唐沢山型」に特徴的な人物埴輪も共伴している。このような状況を考えあわせると、「唐沢山型」は「下総型」とも密接な関係にあった可能性が高い。製作遺跡が確認されていない「下総型」埴輪が、在地の工人集団がすでに成立している栃木県内にも分布していることを考えると、「下総型」埴輪製作専門工人集団は存在するものの、製作地は千葉県北部以外の地域であった可能性も考えなければならない。

ところで、城山一号墳のように異なる在地型工人集団によって製作された埴輪がひとつの古墳に供給されている例は、行方郡麻生町赤坂山古墳・市之代三号墳・山田宝馬一二七号墳・殿塚古墳など茨城県南部から千葉県中央部にかけてみられる。これらの古墳に供給されているのは「市之代型」・「西保末型」・「山武型」・「下総型」あるいは「常陸型」であり、いずれも密接な関係にある埴輪である。このようなことから考えると、この地域ではひとつの工人集団が一定領域内で独占的に埴輪を製作樹立するのではなく、相互補完的な供給あるいは交流の証として複数の「在地型埴輪」を遠隔地からひとつの古墳に供給していたのかもしれない。

このような遠隔地からの供給が顕著にみられるのが千葉県南部・東京都・神奈川県である。これらの地域では六世紀中葉頃まで群馬県や埼玉県からの直接供給がみられるが、茨城県、栃木県、千葉県北部・中央部などで「在地型人物埴輪」が大きく変化する六世紀後葉以降も、千葉県市川市法皇塚古墳・同県市原市山倉一号墳、神奈川県上作延稲荷塚古墳・北門一号墳出土例のように生出塚埴輪製作遺跡製品が供給されていることから、状況に大きな変化はなかったと考えられる。ただし、これら六世紀前半代の南関東では前述のように埼玉系が主体であったのに対し、東京都喜多見陣屋二号墳・三島塚古墳・観音塚古墳、神奈川県駒岡瓢箪山古墳・瀬戸ヶ谷古墳出土例など六世紀後半代、とくに後葉以降になると群馬系の工人集団によって製作された人物埴輪も多く供給されるようになってくる。これは、それまで南関東ばかりでなく「久慈型」への技法伝播など茨城県までをも含む広い範囲で主導的地位にあった「生出塚型」、すなわち埼玉東部の影響力が相対的に低下したことをものがたっている。その大きな転換期は六世紀後葉に

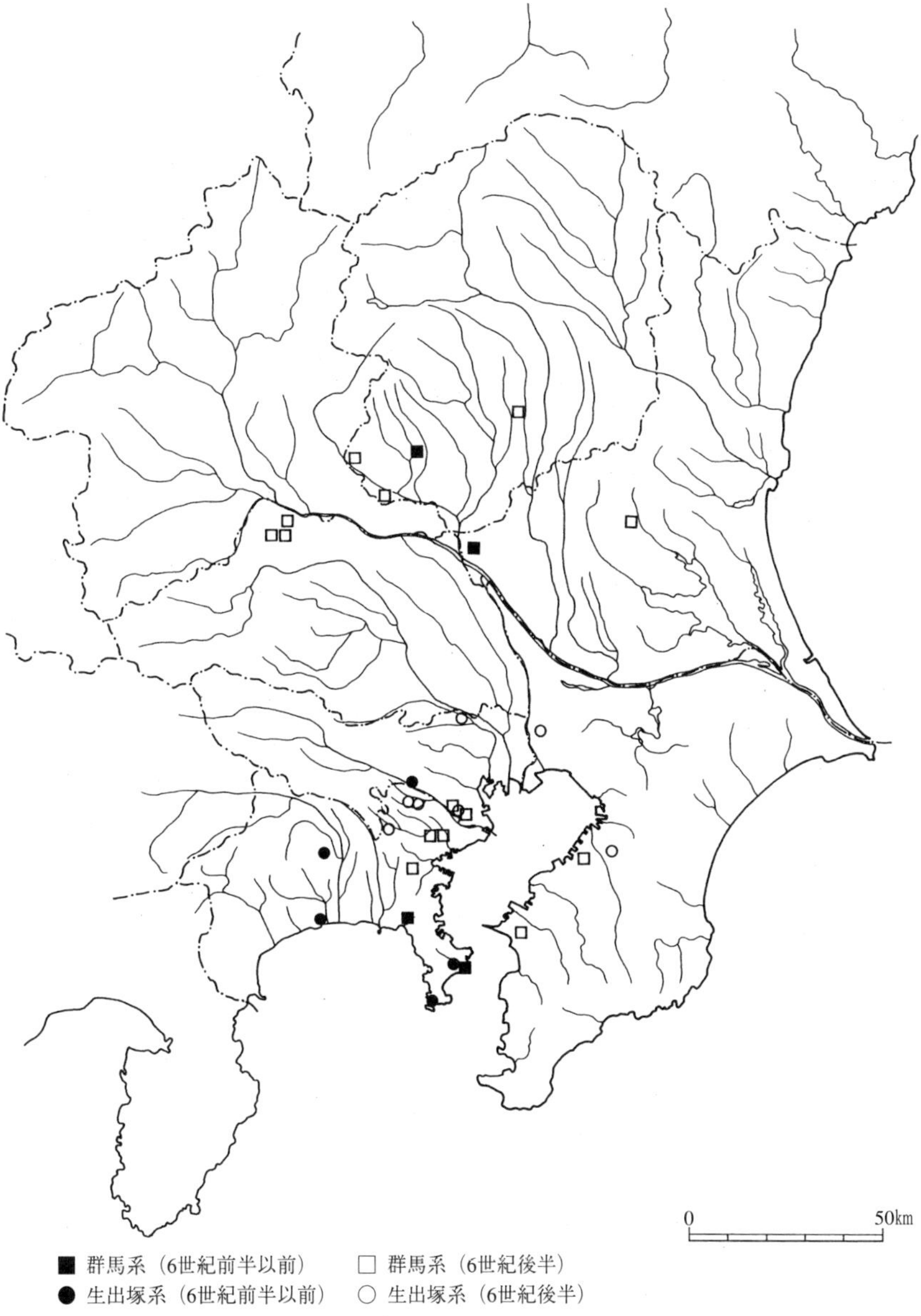

図50　群馬県あるいは生出塚埴輪製作遺跡の工人が製作に直接関与したと考えられる埴輪の分布図

始まる三角巾形冠帽を被りホッケースティック形美豆良を下げる正装男子全身像と円形髷女子を代表とする群馬系人物群の広汎な波及である。これら定形化した表現の人物群は福島県須賀川市塚畑古墳・いわき市神谷作一〇一号墳出土例など東北南部のほか、静岡県静岡市徳願寺山古墳出土例など静岡県東部にまで分布する。さらに、六世紀後葉後半以降には山倉一号墳・北門一号墳出土例のように「生出塚型」でも導入していることから、この段階では「生出塚型」も他地域の在地型工人集団同様群馬県の影響下にあったことになろう。

観音塚古墳では群馬系埴輪とともに群馬県内で盛行している両袖式の横穴式石室が導入されていることから、墓制全体が伝えられた可能性が高い。しかしその一方で、群馬系の形象埴輪群を出土した瀬戸ヶ谷古墳では横穴式石室が確認されず木棺直葬などの竪穴系埋葬施設が想定されている。したがって、「常陸型」導入期の茨城県同様必ずしも墓制全体が群馬県から伝えられたとは限らないようである。このことは、埴輪の影響力の低下が即政治力の低下と結びつかない可能性も示しているが、群馬系埴輪の関東周辺も含めた広汎な分布は、六世紀後葉以降における群馬県の勢力の一層の強大化を現しているのかもしれない。

第二節　生産・供給形態の意義

五世紀後半以降、前代からの継続的な埴輪製作専門工人集団が存在しない地域の埴輪にはいくつかの種類がみられる。ひとつは、畿内と埼玉稲荷山古墳、群馬と千葉県木更津市祇園出土品・茨城県三昧塚古墳との関係のように、「拠点的埴輪製作専門工人集団」内での研修を受けるか、あるいは工人を招聘して直接指導を受けながらも、在地工人を主体とした集団によって地元で製作された埴輪である。そしてもうひとつは「拠点的埴輪製作専門工人集団」そのものによって製作された埴輪である。これには、埼玉県生出塚埴輪製作遺跡産である千葉県山倉一号墳出土例のように、「拠点的埴輪製作専門工人集団」が本拠地で製作し遠方へ直接供給する場合と、島根県平所埴輪窯跡出土例のように、拠点的埴輪製作専門工人が集団で移動し樹立古墳の近傍で製作を行う場合とがある。

これらを順に「学習型」・「直接供給型」・「集団移動型」と呼称すると、前述のように人物埴輪出現期には「学習型」が多くみられる。この場合、指導者は「拠点的埴輪製作専門工人集団」に属する工人ではあるが、組織される工人集団の主体は指導を受けた技術的に未熟な工人達であることから、指導者が有する技術体系や表現方法すべてを習得することはできない。これに対し、「直接供給型」・「集団移動型」は製作地に違いはあるものの、ともに「拠点的埴輪製作専門工人集団」に属する工人達によって製作されることから、人物埴輪には「拠点的埴輪製作専門工人集団」が持つ独自の技術体系や表現方法がすべて表されることになる。その一方で、「拠点的埴輪製作専門工人集団」から派遣される専門工人集団が派遣先で製作する「集団移動型」は、その地で継続的需要がみられる場合定着し、独自の技術体系や表現方法などが加味され、「在地型埴輪製作専門工人集団」へと変化してゆくものと考えられる。

関東地方における「直接供給型」については、千葉県法皇塚古墳・山倉一号墳、東京都多摩川台一・二号墳、神奈川県登山一号墳・下作延稲荷塚古墳など六世紀代の南関東に多くみられる。また、これらはいずれも埼玉古墳群を中心に供給していた生出塚埴輪製作遺跡産の埴輪と考えられていることから、当時埼玉古墳群の首長達と密接な交流のあった南関東の諸首長墓には生出塚埴輪製作遺跡から直接埴輪が供給されていたことになろう。ただし、神奈川県川崎市日向古墳出土例のように、成形技法・表現方法は「生出塚型」の特徴を有するものの、製作地が異なると考えられる一群も存在する。同様な現象は神奈川県蓼原古墳出土例など群馬県の特徴を有する古墳にもみられることから、埼玉県・群馬県の「拠点的埴輪製作専門工人集団」は、南関東への埴輪供給に関しては直接供給のほか、集団で移動して製作していた可能性もあろう。

このように考えると、「直接供給型」・「集団移動型」が共存していたことになるが、ここで注目されるのが埼玉県児玉・比企地域にみられる埴輪製作遺跡群である。両地域には有力な首長墓がみられないにもかかわらず、割山埴輪製作遺跡・赤坂埴輪製作遺跡・宥勝寺北裏埴輪製作遺跡・八幡山埴輪製作遺跡・蛭川埴輪製作遺跡・宇佐久保埴輪製作遺跡・姥ヶ沢埴輪製作遺跡・権現坂埴輪製作遺跡・桜山埴輪製作遺跡・和名埴輪製作遺跡など多数の埴輪製作遺跡が存在する。さらに児玉地域には、茨城県で六世紀初頭～前葉頃に出現する「小幡北山型」や「久慈型」に強い影響を与えた埴輪製作専門工人集団が早期に組織されている。また、児玉地域では群馬県西部の影響を強く受け、比企地域では主に「生出塚型」の影響を受けていることから、あるいは群馬県西部の埴輪製作専門工人集団が児玉地域に移動し、生出塚埴輪製作遺跡の専門工人集団が比企地域に移動し、両地域内供給用ばかりでなく、東京都・神奈川県内への供給用埴輪をも製作していた可能性が考えられる。このような生産形態があったとすれば、埴輪製作専門工人集団は必ずしも特定の首長の支配下にあったとはいえないかもしれない。また、これは樹立古墳の近傍で製作を行う「集団移動型」ではなく、供給先によって製作地を近距離内で移動する「直接供給型」に属することになろう。

このような比較的近距離での埴輪製作専門工人集団の移動については、生出塚埴輪製作遺跡と鴻巣市馬室埴輪窯跡、小幡北山埴輪製作遺跡と馬渡埴輪製作遺跡、馬渡埴輪製作遺跡と常陸太田市元太田山埴輪窯跡などの関係で指摘されている。また、西部の佐野市唐沢山ゴルフ場埴輪製作遺跡出土例に特徴的な製作技法・表現方法を有する「唐沢山型」埴輪群が中央部にも広く分布する栃木県では、中央部にも小山市飯塚埴輪窯跡が存在することから、埼玉県・茨城県同様唐沢山ゴルフ場埴輪製作遺跡と飯塚埴輪窯跡の間で埴輪製作専門工人集団が移動していた可能性が高い。このように考えると、基本的には有力首長下に拠点を置くものの、一定の地域内では首長間で埴輪製作専門工人集団を共有していた可能性もある。さらに、「集団移動型」となる島根県平所埴輪製作遺跡例などをみると、遠距離でも密接な交流あるいは特別な関係にある場合は、他地域の首長の要請に応じ、埴輪製作専門工人集団を一時的に派遣することもあったと考えられる。

このほか、埼玉稲荷山古墳・城山一号墳など複数の製作地から埴輪が供給されている例もある。埼玉稲荷山古墳などの場合は有力首長であることから、広汎な支配領域を誇示する目的であったとも考えられるが、城山一号墳では同じ千葉県北部の「下総型」に加え、客体的ではあるが栃木県の「唐沢山型」武装男子全身立像・女子半身像が供給されている。「下総型」に欠落する全身立像などの器種を補うためとも考えられるが、「唐沢山型」の半身像も共存していることから、むしろ両地域間の交流の証として「唐沢山型」人物埴輪が供給された可能性が高い。したがって、複数の製作地からの供給は、地域間・首長間の密接な関係の証であり、主体・客体にかかわらず埴輪を供給し、そして樹立することに意義があったのではないかと思われる。このように考えると、埴輪の製作場所は異なるが、「直接供給型」と「集団移動型」は同意のものであり、両者の違いは地理的条件や各時期における「拠点的埴輪製作専門工人集団」の組織形態・規模などに起因するものと考えられる。

引用参考文献一覧

第一章

後藤守一「埴輪より見たる上古時代の葬礼」『日本古代文化研究』一九四二
滝口宏ほか『はにわ』日本経済新聞社　一九六三
和歌森太郎「大化前代の喪葬制について」『古墳とその時代』二　一九五八
若松良一「形象埴輪群の配置復元について」『瓦塚古墳』埼玉古墳群発掘調査報告書四　一九八六
若松良一ほか「形象埴輪の配置と復元される儀礼」『埼玉県立さきたま資料館調査研究報告』四〜六　一九九一〜九四
水野正好「埴輪芸能論」『古代の日本』二　一九七一
橋本博文「埴輪祭式論」『塚廻り古墳群』一九八〇
橋本博文「古墳時代後期の政治と宗教―人物・動物埴輪にみる政治と宗教」『日本考古学協会一九九二年度大会発表要旨』一九九二
高橋克壽『歴史発掘九　埴輪の世紀』講談社　一九九六
車崎正彦「壺形の宇宙と埴輪」『埴輪が語る科野のクニ』森将軍塚古墳館　一九九八
森田悌「埴輪の祭り」『風俗』一二三一　一九九五
梅沢重昭「綿貫観音山古墳の埴輪祭式」『討論群馬・埼玉の埴輪』一九八七
梅沢重昭ほか『綿貫観音山古墳Ⅰ』群馬県教育委員会　一九九八
群馬県立歴史博物館『はにわ―秘められた古代の祭祀』一九九三

杉山晋作「東国の人物埴輪群像と死者儀礼」『国立歴史民俗博物館研究報告』六八　一九九六
辰巳和弘『「黄泉の国」の考古学』講談社　一九九八
塚田良道「女子埴輪と采女　人物埴輪の史的意義」『古代文化』五〇―一・二　一九九六
右島和夫「東国における埴輪樹立の展開とその消滅」『古文化談叢』二〇　一九八九
若狭徹「群馬県の人物埴輪受容期をめぐる二、三の考察」『月刊考古学ジャーナル』三五七　一九九三
若狭徹ほか『はにわ群像を読み解く』かみつけの里博物館第七回特別展図録　二〇〇〇
若狭徹ほか『保渡田八幡塚古墳』群馬町埋蔵文化財調査報告五七　二〇〇〇
宮内庁書陵部『出土品展示目録　埴輪Ⅱ』一九九四
西谷正ほか『藤の森・蕃上山二古墳の調査』大阪府水道部　一九六五
岩澤正作ほか『上芝古墳阯・八幡塚古墳』群馬県史蹟名勝天然紀念物調査報告二　一九三二
若狭徹『保渡田Ⅶ遺跡』群馬町埋蔵文化財調査報告二七　一九九〇
柳田敏司ほか『埼玉稲荷山古墳』埼玉県教育委員会　一九八〇
市毛勲「人物埴輪における隊と列の形成」『古代探叢Ⅱ』一九八五
稲村繁「家形埴輪論」『埴輪研究会誌』四　二〇〇〇
稲村繁『人物埴輪の研究』同成社　一九九九
石関伸一『古海松塚古墳』大泉町教育委員会　一九九〇
高崎光司『新屋敷遺跡―B区―』埼玉県埋蔵文化財調査事業団報告書一二三　一九九二
稲村繁「初期人物埴輪があらわすもの」『日本考古学の基礎研究』茨城大学考古学研究室　二〇〇一
寺社下博『めづか』熊谷市教育委員会　一九八三
山崎義夫ほか『天王壇古墳』本宮町文化財調査報告書八　一九八四
赤星直忠『厚木市登山古墳調査概報』厚木市文化財調査報告八　一九六七

今津節生『登山一号墳出土遺物調査報告書』厚木市教育委員会　一九九二
稲村繁ほか『厚木市登山一号墳出土埴輪修理報告書』厚木市教育委員会　一九九七
尾崎喜左雄「群馬県北群馬郡高塚古墳」『日本考古学年報』一二　一九六四
群馬県立歴史博物館『群馬の埴輪』一九七九
東京国立博物館『東京国立博物館図版目録　古墳遺物篇（関東Ⅱ）』一九八三
滝瀬芳之『小前田古墳群』埼玉県埋蔵文化財調査事業団報告書五八　一九八六
木暮仁一ほか『太田市脇屋オクマン山古墳報告書』太田市教育委員会　一九七〇
石塚久則ほか『塚廻り古墳群』群馬県教育委員会　一九八〇
大塚眞弘ほか『蓼原』横須賀市文化財調査報告書一三（第Ⅰ分冊）一九八七
森浩一ほか『井辺八幡山古墳』同志社大学文学部考古学調査報告五　一九七二
富成哲也「大阪府昼神車塚古墳」『日本考古学年報』二九　一九七八
大下武ほか『味美二子山古墳の時代』春日井市
杉崎茂樹『瓦塚古墳』埼玉古墳群発掘調査報告書四　一九八六
大塚初重ほか「茨城県舟塚古墳」一・二『考古学集刊』四―一・四　一九六八・一九七一
井上義安ほか『水戸市北屋敷古墳』一九九五
松村一昭『佐波郡東村の古墳』佐波郡東村々誌資料篇一　一九六九
東京国立博物館『東京国立博物館図版目録　古墳遺物篇（関東Ⅲ）』一九八六
東京国立博物館『東京国立博物館図版目録　古墳遺物篇（関東Ⅰ）』一九八〇
井上義安ほか『小幡北山埴輪製作遺跡　第一次～第三次確認調査報告』茨城町教育委員会　一九八九
茨城県『茨城県史料　考古資料編　古墳時代』一九七四
細野雅男ほか『荒砥北原遺跡・今井神社古墳群・荒砥青柳遺跡』群馬県埋蔵文化財調査事業団　一九八六

國學院大學考古学資料館『考古学資料図録』Ⅰ　一九七八
いわき市史編さん委員会『いわき市史』第八巻　原始・古代・中世資料　一九七六
浜田耕作ほか「肥後国飽託郡西里村釜尾の古墳」『九州に於ける装飾ある古墳』京都帝国大学文学部考古学研究報告三　一九一九
稲村繁「器財埴輪論」『博古研究』一八　一九九九
稲村繁「日本の形象埴輪」『東アジアと日本の考古学』Ⅱ　同成社　二〇〇二
埼玉県立さきたま資料館『はにわ人の世界』一九八八
小出義治ほか「亀塚古墳」『狛江市史』一九八五
辻秀人ほか『原山一号墳発掘調査概報』福島県立博物館調査報告一　一九八二
日立市教育委員会『赤羽横穴墓群　B支丘一号墓の調査　付篇西大塚古墳群』一九八七
外山和夫ほか『富岡五号墳』群馬県立博物館研究報告七　一九七二
小渕良樹ほか『広木大町古墳群』埼玉県遺跡調査会報告四〇　一九八〇
笹森紀巳子『稲荷塚古墳周溝確認調査報告』一九八七
丸子亘ほか『城山第一号前方後円墳』小見川町教育委員会　一九七八
小島純一ほか『西原古墳群』粕川村教育委員会　一九八五
山崎武ほか『生出塚遺跡』鴻巣市遺跡調査会報告書二　一九八一
三木文雄「神奈川県横浜市瀬戸ヶ谷古墳(一)」『日本考古学年報』三　一九五五
伊東秀吉ほか「川崎市下作延日向横穴墓群の調査」『第三回神奈川県遺跡調査・研究発表会発表要旨』一九八一
山崎武『鴻巣市遺跡群Ⅱ』鴻巣市文化財調査報告二　一九八七
山崎武『鴻巣市遺跡群Ⅲ　生出塚遺跡（D・E地点）』鴻巣市文化財調査報告三　一九九四
大川清『安蘇山麓古代窯業遺跡』一九六三
高根信和ほか『常陸一騎山』一九七四

宇田敦司『南羽鳥遺跡群Ⅰ』印旛郡市文化財センター発掘調査報告書一一二　一九九六
浜名徳永ほか『上総殿部田古墳・宝馬古墳』芝山はにわ博物館研究報告六　一九八〇
森田久男「絹古墳群」『小山市史　史料編　原始　古代』一九八一
米田耕之助「上総山倉一号墳の人物埴輪」『古代』五九・六〇合併号　一九七六
田中信『南大塚古墳群』一九八八
中島洋一ほか『酒巻古墳群』行田市文化財調査報告書二〇　一九八八
東京大学文学部考古学研究室『我孫子古墳群』一九六九
糸原清『一般国道四六四号県単道路改良事業埋蔵文化財調査報告書―印旛村大木台古墳群・井戸向遺跡・炭焼台所在塚・和田谷津塚―』千葉県文化財センター調査報告二七七　一九九六
安藤鴻基ほか『千葉県成田市所在竜角寺古墳群第一〇一号古墳発掘調査報告書』一九八八
轟俊二郎『埴輪研究』一　一九七三
吉田章一郎ほか『千葉県山武町森台古墳群の調査』一九八四
佐藤安平ほか『上矢部町富士山古墳調査概要』一九九一
杉崎茂樹ほか『丸墓山古墳・埼玉一～七号墳・将軍山古墳』埼玉古墳群発掘調査報告書六　一九八八
笹森紀巳子『中里遺跡・篠山遺跡』一九八八
大森信英『常陸國村松村の古代遺蹟』一九五五
水戸市立博物館『関東の埴輪―人物を中心に―』一九八三
後藤守一ほか『常陸丸山古墳』一九五七
加部二生ほか『内堀遺跡群Ⅱ』前橋市埋蔵文化財発掘調査団　一九八九
岡本健一ほか『将軍山古墳　確認調査編・付編』埼玉県教育委員会　一九九七
尾崎喜左雄ほか『下総片野古墳群』一九七六

橋本勇ほか『明神山古墳群』足利市埋蔵文化財報告一二　一九八五
水村孝行ほか『桜山窯跡群』埼玉県埋蔵文化財調査事業団報告書七　一九八二
浜名徳永ほか『下総小川台古墳群』一九七五
増田逸朗『千光寺』埼玉県遺跡調査会報告二七　一九七五
斉藤忠ほか『三昧塚古墳』一九六〇
塩野博『川田谷ひさご塚古墳』一九六九
右島和夫『神保下條遺跡』群馬県埋蔵文化財調査事業団　一九九二
市毛勲「千葉県山武郡成東町経僧塚古墳の調査」『史観』八三　一九七一
大塚初重ほか『茨城県勝田市鉾ノ宮古墳群発掘調査報告』勝田市教育委員会　一九七二
井博行ほか『茨城県内原町杉崎コロニー古墳群』一九八〇
市毛勲ほか『舟塚原古墳第一次発掘調査概報』一九七一
安藤鴻基「第一二七号墳の調査」『山田・宝馬古墳群』一九八二
亀井正道「人物・動物埴輪」『日本の美術』三四六　至文堂　一九九五
葛飾区郷土と天文の博物館『人物埴輪の時代』一九九七
須藤求馬「鎌倉発見埴輪図説」『東京人類学会雑誌』一二一―一二七　一八九六
京都大学文学部博物館『考古学資料目録』二　一九六八
森田久男「形象埴輪」『小山市史　史料編　原始　古代』一九八一
田村誠ほか『庚申塚遺跡・愛染遺跡・安保氏館跡・諏訪ノ木古墳』神川町教育委員会　一九九四

第二章

中村一郎ほか「大市墓の出土品」『書陵部紀要』二七　一九七六
福尾正彦「衾田陵の墳丘調査」『書陵部紀要』四二　一九九一

泉武ほか『西殿塚古墳　東殿塚古墳』天理市埋蔵文化財調査報告七　二〇〇〇
近藤義郎ほか「埴輪の起源」『考古学研究』一三―三　一九六九
間壁忠彦ほか「王墓山遺跡群」『倉敷考古館研究集報』一〇　一九七四
近藤義郎ほか『楯築弥生墳丘墓の研究』一九九二
末永雅雄ほか『桜井茶臼山古墳』一九六一
京都大学文学部考古学研究室「京都向日丘陵の前期古墳群の調査」『史林』五四―六　一九七一
稲村繁「墳頂部に配置された埴輪について」『史学研究集録』九　國學院大學日本史学専攻大学院会　一九八四
伊達宗泰ほか『メスリ山古墳』奈良県史跡名勝天然記念物調査報告三五　一九七七
西谷眞治ほか『金蔵山古墳』倉敷考古館研究報告一　一九五九
近藤義郎ほか『月の輪古墳』一九六〇
後藤守一『上野国佐波郡赤堀村今井茶臼山古墳』帝室博物館学報六　一九三三
近藤喬一ほか『京都府平尾城山古墳』古代學研究所研究報告一　一九九〇
石田茂輔「日葉酢媛命御陵の資料について」『書陵部紀要』一九　一九六七
梅原末治「桑飼村蛭子山・作り山両古墳の調査(上)」『京都府史蹟名勝天然紀念物調査報告』一二　一九三一
小林行雄「三重県名賀郡石山古墳」『日本考古学年報』一～三　一九五一・五四・五五
末永雅雄ほか『河内黒姫山古墳の研究』大阪府文化財調査報告書一　一九五三
大阪府立泉北考古資料館『大阪府の埴輪』一九八二
塩谷修「盾持人物埴輪の特質とその意義」『日本考古学の基礎研究』茨城大学考古学研究室　二〇〇一
茂木雅博ほか『常陸白方古墳群』東海村教育委員会　一九九三
朝日新聞社『中国陶俑の美』展図録　一九八四
大田区立郷土博物館『特別展 鷹狩り―歴史と美術―』一九八八

蘇哲「東魏北斉壁画墓の等級差別と地域性」『博古研究』四　一九九二
蘇哲「安岳三号墓の出行図に関する一考察」『博古研究』一七　一九九九
後藤守一「上古時代の天冠」『史潮』一〇―三・四　一九四一
若松良一「双脚輪状文と貴人の帽子」『埼玉考古学論集』一九九一
若松良一「埴輪と冠帽」『考古学ジャーナル』三五七　一九九三
陳茂同『中国歴代衣冠服飾制』新華出版社　一九九三

第三章

島根県教育委員会『重要文化財平所遺跡埴輪窯跡出土品復元修理報告書』一九八一
尾上元規ほか『十六夜山古墳　十六夜山遺跡』岡山県埋蔵文化財発掘調査報告一三〇　一九九八
大林英雄ほか『満濃町史』一九七五
馬田弘稔『塚堂遺跡Ⅰ』浮羽バイパス関係埋蔵文化財調査報告一　一九八三
伊崎俊秋ほか『立山山古墳群』八女市文化財調査報告書一〇　一九八三
井上義安『富士見塚古墳群』出島村教育委員会　一九九二
秋元陽光ほか「芳賀郡二宮町大和田富士山古墳について」『栃木県考古学会誌』八　一九八四
西田尚史『常光坊谷古墳群埋蔵文化財発掘調査報告書』松阪市教育委員会　一九九五
前原豊ほか『前二子古墳』前橋市教育委員会　一九九三
前原豊ほか『中二子古墳―大室公園史蹟整備事業に伴う範囲確認調査概報Ⅲ』一九九五
大和久震平『桑五七号墳発掘調査報告書』一九七二
杉山晋作「内裏塚古墳付近出土の人物埴輪」『埴輪研究会誌』一　一九九五

第四章

茨城県教育委員会『太田山埴輪窯址調査概報』一九六二

大塚初重ほか『茨城県馬渡における埴輪製作址』明治大学文学部研究報告考古学第六冊　一九七六
車崎正彦「常陸久慈の首長と埴輪工人」『古代探叢』一九八〇
松本友之「いわきのハニワに関する覚書」『考古』二〇　福島県立磐城高等学校史学部　一九七九
稲村繁「「紺」色考」『風土記の考古学』一　同成社　一九九四
瓦吹堅『高寺二号墳』友部町教育委員会　一九七六
諸星政得ほか『市之代古墳群三号墳調査報告』一九七八
八幡一郎「茨城県真壁郡女方古墳群」『日本考古学年報』五　一九五七
稲村繁ほか『粟田石倉古墳』千代田村教育委員会　一九八三
佐藤行哉ほか「鶏塚発見の埴輪」『考古学雑誌』二二―九　一九三一
小森哲也「京泉シトミ原古墳群」『真岡市史　一　考古資料編』一九八四
森田久男「飯塚埴輪窯跡」『小山市史　史料編　原始　古代』一九八一
岩崎卓也ほか『摩利支天塚古墳』小山市文化財調査報告書一四　一九八三
大川清「群馬県太田市駒形神社境内遺跡」『日本考古学年報』一八　一九七〇
宮田毅「太田市駒形神社埴輪窯跡埴輪集積場」『考古学ジャーナル』三三一　一九九一
津金澤吉茂ほか「群馬県藤岡市本郷埴輪窯跡出土の埴輪について」『群馬県立歴史博物館紀要』一　一九八〇
梅沢重昭ほか「群馬県猿田埴輪窯生産の埴輪」『日本考古学協会第六四回総会　研究発表要旨』一九九八
新井仁『下高瀬上之原遺跡』群馬県埋蔵文化財調査事業団調査報告一一七　一九九四
志村哲『七輿山古墳―範囲確認調査報告書Ⅴ～Ⅶ―』藤岡市教育委員会　一九九一～一九九三
森田安彦ほか「姥ヶ沢遺跡」『千代遺跡群―弥生・古墳時代編』埼玉県江南町千代遺跡群発掘調査報告書二　一九九八
森田安彦ほか「権現坂埴輪窯跡群」『千代遺跡群―弥生・古墳時代編』埼玉県江南町千代遺跡群発掘調査報告書二　一九九八
谷井彪ほか『割山遺跡』深谷市埋蔵文化財発掘調査報告書　一九八一

本庄市『本庄市史』資料編　一九七六
後藤守一「埴輪窯跡址の発掘調査」『ドルメン』三―四　一九三四
柳進『児玉町八幡山埴輪焼場跡発掘報告書』一九六一
太田博之『児玉地域における埴輪生産の展開』第八回形象埴輪談話会発表資料　一九九四
山川守男ほか「新発見の埴輪窯跡」『いぶき』一二　一九八一
吉見町『吉見町史』上巻　一九七八
後藤守一「馬室村の埴輪窯」『埼玉史談』五―四　一九三四
塩野博ほか『馬室埴輪窯跡群』埼玉県埋蔵文化財調査報告書七　一九七八
帝室博物館『埴輪集成図鑑　四』一九三七
江原昌俊ほか『岩鼻遺跡（第二次）』東松山市文化財調査報告書二一　一九九三
今井宏ほか『屋田・寺ノ台』埼玉県埋蔵文化財調査事業団報告書三一　一九八四
森本六爾「埴輪の製作所址及窯址」『考古学』一―四　一九三〇
坪井正五郎「東京市芝公園古墳実査の結果一・二・三」『考古』一―一・二・三　一九〇〇
河合英夫ほか『多摩川台古墳群発掘調査報告書Ⅱ』大田区教育委員会　一九九三
高杉尚宏ほか『喜多見陣屋遺跡Ⅲ』一九九六
市原寿文「武蔵国田園調布四丁目観音塚古墳発掘調査報告」『白山史学』一　一九五三
谷口栄ほか『柴又八幡神社古墳』葛飾区郷土と天文の博物館考古学調査報告書一　一九九二
坂詰秀一「神奈川県白井坂埴輪窯跡」『武蔵野』四四―二・三　一九六五
竹石健二『県史跡西福寺古墳―保存整備報告書―』一九八三
鈴木重信「川崎市高津区末長久保台出土の埴輪」『川崎市文化財調査集録』二五　一九八九
和田軍一「武蔵国駒岡の古墳発掘」『考古界』八―六　一九一〇

浜田晋介「川崎の埴輪」『川崎市市民ミュージアム紀要』四　一九九一

第五章

中三川昇ほか『埋蔵文化財発掘調査概報集Ｖ　八幡神社遺跡Ⅱ』横須賀市文化財調査報告書三一　一九九七
浜田勘太『向ヶ崎古墳の埴輪について』（謄写版）一九五九
寺田兼方ほか『片瀬大源太遺跡発掘調査報告書』一九九七
稲村繁「茨城県における横穴式石室の変遷二」『博古研究』一　一九九一
大森信英ほか『幡山遺跡発掘調査報告』一九七七
茨城大学人文学部考古学研究室『常陸の円筒埴輪』茨城大学人文学部考古学研究報告五　二〇〇二
小林三郎ほか『法皇塚古墳』市立市川博物館研究調査報告三　一九七六
三木文雄「静岡市向敷地古墳の発掘」『考古学雑誌』二九―一二　一九三九
静岡県教育委員会『静岡県の前方後円墳』静岡県文化財調査報告書五五　二〇〇一
稲村繁「三浦半島の埴輪Ⅰ」『横須賀市博物館研究報告（人文科学）』三七　一九九二

掲載した人物埴輪実測図のなかで、図3-1、図5、図7-3、図8、図11-1・3、図17-2、図20-1～3、図24、図25-2・3、図33-1、図41、図44-3、図46は写真トレース、他は報告書等より一部改変して転載。

あとがき

茨城大学教授　茂木雅博

本書の巻頭の「森昭のはにわの世界」は、甘粕健氏の本書序文にあるように、森昭が一九七五年十一月から二年間、二四回にわたって月刊誌『歴史公論』誌上に連載した「古代の顔」の写真をもとに構成されている。

この連載は、同誌の編集にたずさわっていた山脇洋亮氏（現同成社社長）が創刊にあたって企画したもので、彼と森、そして私は、甘粕氏の我孫子の古墳調査でいっしょに発掘をした仲だった。私も関わったこの企画で、森は初め埴輪の表情だけで四頁を埋めることを主張したが、全身像が必要だという山脇と私の意見を入れ、そのかわりごく短いコメントを添えたいと希望した。そして連載の初回で「東国はにわの表情の豊かさは何を意味しているのだろうか」と書いているが、毎回添えられた文章は、あるいは埴輪製作者の心情であり、武人の悩みであり、子を思う母の心であり、大衆の強さであったりした。そのひとつひとつが、モノを取り扱う考古学研究者への挑戦であったといえよう。森はこの作品を通して古代の人びとのさまざまな心を捉えようとしたのである。

森が東京写真短大に学ぶために上京し、甘粕氏と出会って考古学写真に傾倒していったいきさつについては同氏の序文に記されているが、大学時代の森は、当時の友人の話によれば、もっぱら学生運動に熱心でデモに参加しては記録写真を撮りまくっていたという。人物の表情に時代を撮そうという心と、土門拳の写真に惹かれた心とが埴輪に出会って、あの写真が生み出されたと言えようか。

森が人物埴輪と直接ファインダー越しに対話をしたのは、やはり甘粕氏が記すように、安孫子古墳群の高野山1号墳出土の天冠をかぶった男子像だったようだ。彼はこの写真を殊のほか気に入っていたとみえて、当時下宿していた我孫子の部屋に飾っていたが、私は初めて見たその写真に思わず目をうばわれた。それは黒を基調とした写真で、それまで考古学関係の書で目にするものとはまったく違っていた。彼はカラー写真をあまり好まず、徹底してモノクロに拘った。私は彼の写真撮影に何回か立ち会う機会をもったが、愛用のリンホフで漆黒の中のライテングを楽しんでいた姿を、懐かしく思い出す。

本書の筆者稲村繁氏は次代を担う若手研究者であるが、彼は森や山脇、私といっしょに我孫子で発掘をした轟俊二郎氏の『埴輪研究』に強く影響を受け、『埴輪研究』に肩を並べることを目標に研究に打ち込んだという。稲村が研究の緒についた頃、轟は我々の眼前から姿を消し行方の知れぬ存在となっていたので、彼は論文の上でしか轟のことを知らないのだが、研究の原点がそこにあるとするならば、本書は我孫子の発掘の産物ともいえようか。

稲村は学生時代に発掘調査で森の撮影助手をつとめ、その後も何度か発掘現場を共にした間柄でもある。

本書の中で稲村は、「古代の顔」の連載の中で森が発した問いかけや、『埴輪研究』の中で轟が提出した問題点にひたすら応えようとしているかに思われる。たとえば千葉県経僧塚古墳出土「ひげのある男のはにわ」の中の「この風貌は、むかし見た朝鮮の老人のそれを思いおこさせる」という森の問いである。日本の考古学は長くこの問いと向き合おうとしなかったが、稲村は本書の第二章で、中国南朝と冊封関係にあった日本において中国の陶俑の影響を受けて人物埴輪が出現した可能性を論じ、同時に埴輪群全体の構成から観察すれば「出向鹵簿」を想定する種類の見られないことから、中国の影響は部分的であったと結んでいる。今後注目すべきテーマであろう。また第五章では、関東地方北西部に主導的な技術的製作工人集団が形成され各地の埴輪製作に大きな影響を及ぼしたことについて論を展開しているが、埴輪製作の工人集団の存在についての言及は轟を嚆矢とする。

森昭は体制におもねらず、歴史の遺したものを撮りつづけた写真家であった。一九六〇年代の学生運動を生き、その後も遺跡保存運動に関わって、破壊される考古遺跡から戦争遺跡を撮り、最後は解体される民家を撮っていた。そうした彼にとって、歴史の表情そのものとも思える人物埴輪は、まさに彼のライフ・ワークであったといえよう。

■著者略歴■

稲村　繁（いなむら　しげる）

1957年　福島県いわき市に生まれる

1980年　茨城大学人文学部史学専攻卒業

1985年　國學院大學大学院文学研究科日本史学専攻博士課程修了
　　　　東京国立博物館学芸部考古課研究補佐員を経て

現　在　横須賀市自然・人文博物館学芸員

著作論文　「茨城県における埴輪の出現」『古墳文化の新視角』雄山閣、1983年。「墳頂部に配置された埴輪について」『史学研究集録』9、國學院大學日本史学専攻大学院会、1984年。「群馬県における馬型埴輪の変遷」『MUSEUM』425、東京国立博物館、1986年。「茨城県における横穴式石室の変遷（1）」『博古研究』1、博古研究会、1991年。「〈紺〉色考」『風土記の考古学 1』同成社、1994年。「神奈川県の埴輪（1）」『横須賀市博物館研究報告（人文科学）』41、横須賀市人文博物館、1996年。『人物埴輪の研究』同成社、1999年など。

森　　昭（もり　あきら）

1942年　満州に生まれる

1962年　東京写真短期大学（現東京工芸大学）卒業
　　　　以後、主として考古学写真家として活躍

1999年　逝去

ものが語る考古学シリーズ⑥
人物《じんぶつ》はにわの世界《せかい》

2002年7月30日発行

著者　稲村　繁
　　　森　昭
発行者　山脇洋亮
印刷　深高社㈱
　　　モリモト印刷㈱

発行所　東京都千代田区飯田橋
4-4-8 東京中央ビル内　㈱同成社
TEL 03-3239-1467　振替00140-0-20618

ISBN4-88621-253-0 C3021